日本語が世界を平和にするこれだけの理由

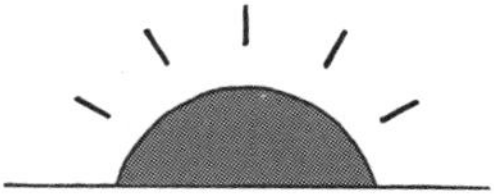

金谷武洋

Takehiro Kanaya

飛鳥新社

はじめに

日本の学校の国語の授業では、日本語の本当の姿が教えられず、可哀想なことに生徒たちが根本的に間違った文法を習わされている——そう言われれば皆さんはさぞ驚かれることでしょう。

しかし、まぎれもない事実なのです。

そのことを単純明快に示す身近な証拠からご紹介しましょう。

次に挙げるのは、アイドルグループのＡＫＢ48の大ヒット曲、「恋チュン」こと、『恋するフォーチュンクッキー』です。この歌の出だしはこうなっています。

♬「あなたのことが好きなのに、
私にまるで興味ない」

一見、自然な（かつ、とても共感できる）日本語に見えますが、おかしなことに、学校文法に照らせば「何かが省略されている文」となってしまうのです。

なぜそう説明されてしまうのかは本書でじっくり明かしていきますが、この一例だけを見ても、いかに私たちがおかしなルールを押し付けられてきたか、分かるというものでしょう。

諸悪の根源は、実は英文法です。いや、英文法自体に罪があるわけではもちろんありませんが、**国語の授業で教えている日本語の文法は、明治維新、つまりおよそ150年も前から英文法が土台になっていて、そのことが大問題**なのです。

悪いのは学生でも一般の方でもありません。うすうす気づいていながら日本語文法を明治以来の「学校文法」で教え続けている国語の先生たち、そしてその後ろにある文部科学省のお役人、そしてそうした不備を正しく指摘した学者がすでにいたのにそれを無視して、客観的、科学的な学問的研究を怠ってきた言語学者、とりわけ東京大学を始めとする「有名大学教授」や「名誉教授」たちに責任があります。

私はもう43年もカナダ東部のケベック州に住み、２０１２年にモントリオール大学日本語科科長を退職するまで25年間、カナダ人に日本語を教えてきました。ここから遠く離れた祖国日本では、英語が相変わらず大人気で、英会話がますますブームのようですね。

小学校の5年生から英語を教えるようになったと聞いて驚いていたら、何とさらに2年早くなって小学3年生からになるのだとか。また英語だけで全ての授業をする大学や、社内で使う言葉を英語だけにしている一流企業もあると聞いています。

それなのに、英語を自由に話せる日本人は相変わらず少なく、他のアジアの国と比較しても平均的な日本人の英会話能力はずいぶん低いのは残念です。

日本人は、海外からとても教育熱心で優秀な民族と思われていますし、それは本当だと私も思います。それなら、日本人が学校で10年以上も熱心に学んだ英語が、そうです、「たかが」英語が、どうしてこんなに苦手なのでしょう。

私はカナダ人に日本語を教えながら、その理由を考え続けてきましたが、少しずつ大きな理由が見えてきたように思います。

それは特に次の2点です。

(1) 日本語と英語が様々な点で正反対であること

(2) 母語である日本語を日本人自身がよく分かっていないこと

日本語は英語の文法になぞらえて、英文法を土台に教えられてきました。まるで日本語と英語は同じような言葉であるかのように。

ところが本当は何から何まで正反対だということに私は気づいたのです。

地球上によくこんなに違った二つの言葉があるものだ、と正直驚いてしまいました。

そこで、学校で教えてくれない日本語の本当の姿を若い皆さんに知っていただきたくて、こんな本を書いてみたいと思ったのです。

それを知ることで、大きなメリットが二つあります。

一つ目は、「普段あまり気づかれていない日本語の秘密」を知っていただけたら、日本語本来の美しさを生かしたコミュニケーションができるようになることです。「日本語に秘められた大きな力」に気づき、役立てていただければ、これほどうれしいことはありません。

日本語は、実は世界に誇るべき素晴らしい言葉です。

私のように、海外に長く住んでいると、日本語という「母語」は単なる道具ではなく、生きていく精神的な支えになります。まさに「命綱《いのちづな》」あるいは「生活の杖《つえ》」と言えるものです。外国語を使って毎日仕事をしたり生活することは、特に慣れないうちは大変です。そんなとき、日本語で話し合える友人がいたり、日本語の映画をビデオで見たりすることが心のオアシスになって、翌日からまた生活を続ける勇気を与えてくれました。

単になつかしいということではなく、日本語で考え、話すことで、自分の心の働き方がはっきりと変わるのです。

私が今日まで43年も、しかも心から幸せだと思いながら、カナダに住み続けることができたのは、他の何よりも、誰よりも、日本語のおかげです。

もう一つのメリットは、私たちの母語である日本語が英語とどう違うのかをはっきり理解すれば、英語の習得におおいにプラスになることです。あちこちでこの二つの言葉を比較することになりますから、本書を読めば自然と英語がどんな言葉かも分かりますし、実際に日本人が英語を話すために必要なこともまとめてあります（不要な方は読み飛ばしてくださいね）。

この本を一番読んでほしい読者は日本の中学校の上級生です。日本語が母語の皆さんは、日本語を話すばかりでなく読み書きも自由にできますよね。それに加えて、皆さんは数年前から英語の勉強も始めました。

それ以来、二つの言葉の大きな違いにぼんやりと気づき始めたのではないでしょうか。そんな皆さんだからこそ、英語と日本語のどこが一番違っていて、その違いがどこから来ているのかを、今の時点で、はっきり理解してほしいのです。
まだ若い皆さんの頭は柔らかい。柔軟でまだ固まっていませんから「間違った学校文法が完全に定着していない」のです。今だからこそ日本語の正しい姿を、偏見から自由に、理解できると思います。

かと言って、大人の読者の皆さんに私が絶望しているわけではありません。間違って教えられた日本語の姿がおそらく固定観念になってしまっているので、大人の皆さんには大きなチャレンジですが、ぜひ「14歳だったころの自分に戻った気持ちになって」読んでみてください。頭が柔らかい人だったら有望です。まだまだ十分、間に合うでしょう。

少なくとも私は、子供だったころに日本語の本当の姿を学校で習えなかったことをとても残念に思います。もし14歳のときにこのような本がもうあって、それを読んでいたら、日本語で書く、話すといったコミュニケーションをもっと充実させることができたはずですし、カナダの外国語の生活がもっとスムーズに始められたのに、と思わざるをえないのです。

その悔しさを思い出しながらこの本を書きます。

では、いよいよ出発です。これからの道は、かなり揺さぶられると思いますからシートベルトをしっかりと締めてくださいね。

目次
contents

第一章

日常表現に秘められた理由

何気ないあいさつに隠されている深〜い話

私が初めて日本を出てカナダへ来たのは１９７５年。24歳のときでした。

よく知られているように、カナダの公用語は、フランス語と英語の二つです。ところが、私が住むモントリオールの街を歩くと聞こえてくるのは、その二つだけではありません。中国語、ギリシア語、ドイツ語……と実ににぎやか。

カナダは、日本と違って、様々な国から移民を多く受け入れていることがその背景にあります。人口３００万人のモントリオール市だけでも毎年数万人の新しい移民を受け入れているのです。移民たちの間では各出身地の言葉が飛び交い、しかもちゃんと英仏語も話す「トライリンガル」も珍しくないという、言葉の面で非常に刺激的で面白い街なのです。

そんなモントリオールに着いてまずショックだったのは、日本でちゃんと勉強したつもりだったのに、英語やフランス語がまともに使えなかったことです。英仏語が自由になるまでに、思ったよりもずっと長い時間が必要だったのは残念でしたが、一番早く使えるようになったのは簡単なあいさつや日常表現です。

ところが面白いもので、そうした表現にこそ、英語（や仏語）と日本語の基本的、根本的、そして決定的な違いがあったのです。

使い慣れた表現なので改めて考えることもなく、気づかないことが多いのですが、ふと立ち止まって、もともとの意味を探っていくうちに、**英語（や仏語）と日本語の「発想」は、ちょうど逆方向を向いている**ことに、ふと気がついたのです。

この第一章では、誰でも知っている表現や挨拶をいくつか挙げて、英語と日本語を比べてみましょう。

（1）「ありがとう」と「サンキュー（Thank you）」

まずは感謝の表現です。最も代表的と思われる「ありがとう」と「Thank you」は同じような文でしょうか。「Thank you」は日本語でも「サンキュー」と片仮名で書かれるほど身近な表現ですし、日本人同士でも友達などに言うこともよくありますね。ところが、こんなに簡単な表現でも、日本語と英語はその発想、つまり「話し手の気持ち」が大違いなのです。

この二つの文を見比べて、勘のいい人ならすぐ気がついたかも知れませんね。そうです。**日本語の「ありがとう」には話し手も聞き手も、つまり人間が一人も出てきません。**

そもそも「ありがとう」とはどういう意味でしょう。言葉は生きていますから、時代とともに変化します。そのために、今では元の意味が分かりにくくなってしまいましたが、漢字で書くとヒントが見えてきますよ。皆さんもぜひパソコンやスマホ、あるいは電子辞書で「ありがとう」と打ち込んで、漢字変換させてください。

すると、ほら、「有難う」(または「有り難う」)と出てきますね。この二つの漢字が元の意味を教えてくれます。「有」は「ある」です。「難い」はここでは「かたい・

がたい」と読みますが、普通は「むずかしい」と読む漢字ですよね。小学6年生で習う漢字ですから、皆さんが中学生でもちゃんと知っているでしょう。

ですから「ありがとう」の元々の意味は「あることがむずかしい」、つまり「なかなかないことだ」という意味です。「ありがとう」の元は「ありがたく」で副詞ですが、その元の「ありがたい」は「めったにない」という形容詞です。

形容詞は「赤い」や「大きい」のように、状態や様子を表すものですよね。これにたいして動詞は「行く」や「食べる」のように、行為を表します。「あることがむずかしい」、つまり「なかなかないことだ」という意味から、「(こんな体験は) めったにないことなのに (それをわざわざして下さって) ありがとう」という意味に広がって、それが日本語の感謝の表現になったわけですね。

ちなみに、「ありがとう」の意味は、ある有名な歌を思い出すと参考になります。それは「うさぎお〜いしかの山」で始まる「ふるさと」という歌です。学校の音楽の時間に必ず習いますから皆さんもよく知っているでしょう。

この歌は最後が「わすれが〜たき ふ〜る〜さ〜と〜」という言葉で終わりますよね。この「わすれがたき」が「ありがとう」とよく似た言い方なのです。「有難う」と同じように「わすれがたき」を漢字で書けば「忘れ難き」で、意味は「忘れることがむずかしいふるさと」ということです。


さて、「人間が一人もいない」日本語の「ありがとう」に対して、英語の「Thank you」はどうでしょう。

こちらには「YOU」、つまり「聞き手」である人が登場します。その相手に対して「to thank（感謝する）」という意味の動詞文で、形容詞が元になっている「ありがとう」とは大違いです。英語の話し手は、この文で感謝という「行為」をしているわけですから、当然動詞が使われるのですね。

さらに言えば「Thank you」という文は、元はもうちょっと長くて「I thank you」でした。文は「I」で始まっていたのです。日本語には人が一人も出てこないのに、英語では聞き手の「あなた（YOU）」だけでなく、話し手の「私（I）」も昔はいたのですね。「I」の方は省略されてなくなりましたが、動詞の「thank（感謝する）」相手である聞き手、つまり「YOU」はちゃんと残ったのが現代英語の「Thank you」です。

日本語の方は先に見たように、動詞ではなくて形容詞、つまり「ありがたい」という状態の形容詞が副詞に変わって「ありがたく」となり、それがさらに変化して「ありがとう」となったものです。

動詞でないということは、この文は行為（＝何かをすること）ではないということですね。動詞文ではなくて「めったにない」という「状況・様子」を形容詞で表しているだけです。これをまとめると、**英語は「(誰かが何かを) する言葉」、日本語は「(何らかの状況で) ある言葉」**だ、と言えるかも知れません。もしそうなら、「サンキュー」と「ありがとう」という二つの文は、それぞれの言葉の、代表的で典型的な例文だと言っていいでしょう。

（2）「おはよう」と「Good morning」

感謝の言葉に続いて、今度は朝のあいさつを比べてみましょう。これも何気なく毎日使っている「おはよう」と「Good morning」ですが、やはりこの二つにはとても大きな違いがあります。

「おはよう」は（1）で見た「ありがとう」と形も意味もよく似ています。「おはよう」も形容詞「（お）早い」の副詞形「（お）早く」がくずれて「（お）はよう」になったものなのですから。つまり「おはよう」は「お＋早く」が元の形でした。（1）で見たように「ありがたい」が「ありがたく」から「ありがとう」になったのと全く同じように変わったものです。

こちらも「ありがとう」と同じく、「行為」を示す動詞文ではなくて、「状況・様子」を表す形容詞文です。ではこれと「Good morning」はどう違うのでしょう。

これがまた大違いなのです。

日本語の方は、「ありがとう」と同じように、会話の場面にいるはずの「話し手」と「聞き手」が、どちらも文に出てきません。それどころか、この二人は、お互いに向かい合ってさえいないのです。

この表現ができた時代に二人が見ていたのは、おそらく外の景色です。例えば、まだ太陽が上がりきらずに地平線に顔を出した様子を二人が並んで見ているのです。

そして「まだ朝早い」という状況に二人が心をふるわせて、「こんなに早いんですねぇ」と心を合わせているのが「おはよう」という表現となりました。別の言葉で言う

と、二人はそこで「共感」しているのです。

「共感」とは、やさしく言うと「同じ気持ちになること」ですね。ですからこう言われた聞き手がそれに返事するときには、やはり「お早う」と答えるのです。この「共感」という言葉はこの本のキーワードの一つですので、よく心に留めて覚えておいてください。

面白いことに、「おはようございます」が使われる時間は実は朝とは限りません。聞くところによれば、テレビ局などでは、たとえ仕事開始時が午後でも夕方でも「おはようございます」と言うらしいのです。つまり、大切なのは、時計を見て今、何時かを相手に伝えることではなく、まだこんな時間なんですね、と**二人が心を合わせ、共感すること**だということです。

これに対して英語の「Good morning」では、またまた、行為の動詞文が元になっています。この文もまた省略されたもので、元々の表現は「I wish you a good morning」なのでした。そうすると英語の「Good morning」は、話し手の「私」が、聞き手の「あなた」にとって「この朝」が良いものであるように祈るという積極的「行為」を表現した文が元になっているのです。
「ありがとう」も「おはよう」も日本語の方は、そこにいる話し手と聞き手の二人は、同じ方向を向いて「視線を溶け合わせ」ながら、一緒に感動、共感しているだけなので、文には人間が出てきません。出てくる必要がないのです。英語のように元の文から人が省略されていなくなったわけではなく、始めからいないのです。

毎日使われるあいさつや感謝の表現だけでも、英語と日本語がこんなに違うことが分かりました。つまり、英語の文には人間が出てくるのに、日本語の方には出てきません。

何をかくそう、これこそが英語と日本語の一番大きな違いです。この違いがはっきり分かって意識できると、英語力もついてくるのですが、こんな大切なことを、日本の学校では国語の時間にも英語の時間にも教えてくれないのです。本当に残念で、また不思議で仕方ありません。

「英語は語順が違う」という説明はよくされますが、全く不十分で、もっともっと深い根っこの部分から違っているのです。

ひとことで言えば、**日本語は共感の言葉、英語は自己主張と対立の言葉**だというのが私の結論です。

日本人は話し手と聞き手の共通点に注目し、英語を母語にする話者は両者の違いに注目すると言ってもいいでしょう。

（3）「はじめまして」と「How do you do?」

三つも例を挙げると、しつこく思われるかも知れませんが、これが最後ですからどうかお付き合い願います。今度は人と人とが初めて会ったときのお決まりの表現を、英語と日本語で比較してみたいと思います。

まず皆さんに気づいてほしいのは、日本語の方です。（1）や（2）の場合に比べて、（3）には明らかな違いがあるのですが、気がつきますか。

答えを言いましょう。

その違いは、（1）の「ありがとう」にも（2）の「おはよう」にもなかった日本語の動詞が、（3）の「はじめまして」でやっと出てくることです。その動詞が何かはすぐ分かりますね。「はじめまして」はもちろん動詞「始める」の変化したものです。

しかし、ちょっとここで立ち止まって考えてください。

「始めます」って何でしょう。一体何を「始める」のでしょう。

とっさに答えが出てこないのも無理はありません。この表現が作られた時代は何を始めるかがはっきり分かっていたのでしょうが、現代の日本人は、もうそんなことを考えなくなってしまったからです。それなのに、その何かがよく分からないまま、今でも「はじめまして」という表現は使われ続けています。

なお、「はじめまして」は初対面でしか使われませんので、「初めて会う」の意味から、漢字にも「始」より「初」が使われて「初めまして」と書きますが、もともとは同じ一つの大和言葉「はじめる」でした。

では何をはじめるのかと言えば、初めて会ったときから、「話し手と聞き手のおつきあい」を始めるのです。つまり、「この出会いを初めにして、今後もよく二人で会いましょう。そしてこれからずっと末長くお願いします」という気持ちがこの表現を支えています。また、「始める」と言うのですから、当然一回だけでなくて今後も関係を「続ける」気持ちがあることになります。

ただ、そうは思っていても、話している私だけではどうにもなりません。それには聞き手が同じ気持ちになって、つまり「共感」して協力してくれることが必要です。そんな気持ちを表すために、日本人は「初めまして」に続けて、大抵の場合「よろしくお願いします」と言うのです。

このように、動詞を含んでいる（3）「はじめまして」ですが、これまで説明してきた（1）や（2）の場合と、共通点はちゃんとあります。もうお分かりですね。それは人を表す「私」や「あなた」がやはりここでも出てこないということです。そしてやはり「これからずっと仲良くしましょうね」という二人の気持ちは「未来」という「同じ方向」を向いています。つまり、日本語では（1）にも（2）にも（3）にも、「共感」が底に流れています。

さて今度は英語の方を眺めてみましょう。

（3）「How do you do?」はこれまた（1）や（2）と同様に「行為の動詞文」です。これを無理に日本語に直訳したら「あなたはどうしますか」のような文になってしまい、これではとても日本語の初対面の言葉にはなりませんね。

でも英語ではこれでいいのです。初対面から相手の「行為」に関心を持っていることを表現するわけです。つまり話し手と聞き手は向かい合って相手の行為、動作をながめるのです。

ただし、（3）で聞かれた人は、これから何をするのかを答える必要はありません。

「私だって同じで、あなたがどうしているのかを知りたい」と言うのです。ですから同じ文を繰り返して「How do you do?」と答えるのが普通です。

（1）と（2）のまとめは「英語の文には人間がいるのに、日本語の文には出てこない」ということでしたが、（3）「How do you do?」でもそれは全く同じで、相手が「どうするのか」を聞くのが英語の初対面の挨拶であることが明らかになりました。英語には初対面で使う他の表現もありますが、「I'm glad to know you」も「It's nice to meet you」にも「わたし」と「あなた」が忘れずに必ず使われています。

「共感」は短歌や歌詞にも

ここで俵万智《たわらまち》さん（1962―）の短歌を一つご紹介したいと思います。有名な歌ですからご存知の方もきっと多いでしょう。

「寒いね」と話しかければ「寒いね」と答える人のいる暖かさ
（『サラダ記念日』河出書房、1987年）

どうでしょう。じーんと感動しませんか。先に見た「ありがとう」も「おはよう」も結局この歌の「寒いね」と同じ気持ちの表現だと私は思います。

この歌でも、「寒いね」と話しかけた人と、「寒いね」と答えた人は、実は向かい合っていません。向かい合うのではなく、むしろ同じ方向、（例えば雪の積もった庭）を見て、その寒そうな景色に「共感」し、心を通わせているのです。

そうすることで、気持ちが一つになった感動を俵さんは「寒い」とはちょうど反対の「暖かい」と言い表しました。もちろん、暖かいのは温度が急に10度上がったからではありません。二人が同じ気持ちになって感動し合ったからです。日本人ならすぐ分かる、素晴らしい歌だと思います。

先に見たように、「まだ早いね」と声をかけるのが「お早う」の気持ちですし、「なかなかないことですね」なら「ありがとう」で、やはり**どちらも同じ方向を向いて感動した表現**でした。それが平成の現代まで日常表現として生き残り、毎日使われていることに、私はとても感動してしまいます。日本人の心は古代から現代までずっと途切れることなく続いているのです。

さて、お互いを見合うのではなく、心を通わせるために二人が同じ方向を見ようとすると、不思議なことが起きます。**相手と並ぶことで相手が視界から消えてしまい、見えなくなるのです。**

もちろん、話し手は始めから自分だって見えません。日常表現を比べて気がついた「英語の文には人間が出てくるのに、日本語の文にはいない」ことの理由の一つはそのためと言っていいでしょう。

俵万智さんに続いて、もう一人ご紹介したい人がいます。若いときは仲間と一緒にグループを作ってフォークソングを歌っていたのですが、その後、精神科医を経て九州大学の心理学教授になった北山修（1946—）さんです。1970年代にとても有名だった「ザ・フォーク・クルセダーズ」という京都出身の3人組のフォーク・グループがありました。その中でベースを弾いていたのが北山さんです。そしてこのグループのほとんどの歌の作詞も北山さんでした。

『帰って来たヨッパライ』という不思議な歌が大ヒットしたのは1968年。そのとき私は17歳で、北海道函館市にある函館ラ・サール高校の2年生でしたが、今でもよく覚えています。でも、ここでご紹介したいのはその歌ではありません。『あの素晴らしい愛をもう一度』という歌です。ちょっとその一部をご紹介しましょう。

♬あのとき同じ花を見て 美しいといった
ふたりの 心と心が 今はもう 通わない
あの素晴らしい愛をもう一度
あの素晴らしい愛をもう一度

すでに述べたように、北山さんはその後、精神分析学が専門の大学の先生になりましたが、少し前に、『共視論』（講談社選書メチエ、２００５年）というタイトルの本を書いています。

同じ気持ちになることを「共感」と言うのですから、話し手と聞き手が同じ方向を見ることを北山さんは「共視」とよぶのです。

ここで歌われているのは「以前は同じものを見て、二人が通わせていた心」（つまり「共感」）が失われた悲しさですが、この心は、この章で私たちが気づいたことと全く同じものです。つまり「日本人は心を合わせるときに、見つめ合うのではなく、並んで同じものを見る」ということなのです。

先ほどご紹介した俵万智さんの短歌を思い出してください。そうした共感を失うことは、せっかく「寒いね」と言っても、それに「うん、寒いね」と答えてくれる人がいない悲しさなのです。

浮世絵のモチーフにも「共視」が

『共視論』のカバーの浮世絵

北山さんは、江戸時代の浮世絵で母親と幼い子供が描かれているものに、何か不安定なものを母親が子供に見せているデザインが多いことに気がつきました。

そして、日本人にとっての「愛」とは、視線を同じ方向に向ける、この母親と幼い子供のイメージが元になっていると教えてくれています。

そう言えば、日本の映画でも心を

日本映画（「東京物語」）とハリウッド映画（「カサブランカ」）に見る視点の違い

通わせる二人はよく同じ方向、例えば浜辺に立って沈む夕陽を眺めているという光景でクライマックスを迎え、テーマ音楽もここぞとばかりにボリュームを上げて、スクリーンに「終り」が出てくることに気づきます。

ハリウッド映画はそうはいきません。お互いに見つめ合って、次の瞬間、燃えるようなキスを交わすのです。そこでようやく「The End」となります。

私が長年追いかけてきた「英語と日本語の決定的な違い」にせまる第一歩は何と日常表現にありました。「英語の文には人間が出てくるのに、日本語の文には出てこない」という違いは、日常のありふれた挨拶や表現がすでに明らかにしてくれていたのです。

第二章

人名・地名に秘められた理由

カナダの地名は人名だらけ！

日本から見て地球の裏側、カナダ東部のケベック市にあるラヴァル大学で念願の留学を始めたものの、授業に出て私はうろたえました。先生の話すフランス語が速すぎて耳がついていきません。聞き取れないので、もちろんノートも取れません。私は「これはヤバいぞ」とすっかり焦ってしまいました。

フランス語は日本の大学で4年間、みっちり勉強したつもりだったのですが、授業についていけない情けなさと言ったらありません。かと言って、中学校から指折り数えると10年も学び、大好きで、一番得意な科目だった英語が、これまた頼りになりません。「いざとなったら英語があるさ」などと勝手に思ってカナダへ来たのでしたが、その考えは甘く、英語もまたやっと片言しか話せないのです。

張り切って太平洋、それから北米大陸を飛行機で渡ってきたのに、悔しいやら恥ずかしいやらの毎日。これは留学などしないで、皆と同じようにどこかの会社に就職した方がよかったかな、と正直なところ思いました。留学したことを少し後悔し始めたのです。

困ったことになったと焦っていたある日のことです。ケベック市から週末にバスに乗って遊びに行ったモントリオールの地下鉄の路線図を見ていて、私は思わず「あれぇ？」と声を上げました。

駅の名前にやたら人名が多いことに驚いたのです。

「ジャン・タロン」「オノレ・ボーグラン」「ジャン・ドラポー」「アンリ・ブーラッサ」「リオネル・グルー」など、**どれもこれもカナダのケベック州の歴史上の有名な人物の名前でした**。しかもファーストネームと苗字を両方もった「フルネーム」なのです。

フルネームでない苗字だけなら「パピノー」「ボードリー」「フロントナック」などとさらに増えます。もともと伝統的にカトリック信仰の強い土地ですから聖人の名前の「サン・アンリ」などもあります。

モントリオールの地下鉄路線図

私は、駅名に人名を付けることは日本では大変珍しいことを知っていました。東京の地下鉄、例えば銀座線に「徳川家康駅」「豊田佐吉《さきち》駅」「福沢諭吉駅」などがあることを想像してみてください。もっとも、ヤン・ヨーステンが元になった「八重洲《やえす》口」や、服部《はっとり》半蔵の屋敷が近くにあった「半蔵門」など例外もありますが、「口」や「門」がついている点だけで既に、ズバリ人名だけのモントリオールの駅とは違います。

また四国の高知市に「高知龍馬空港」ができたことを最近知りましたが、これらは観光客増加を狙ったもので、坂本龍馬の人気にあやかった意図的な「市場戦略」だろうと思います。

地下鉄の路線図を見て首を傾げているうちに、ふと気づいたことがありました。第一章で見た「日本語の日常表現やあいさつには人が出てこない。英語には出てくる」という発見は、駅や町の名前、つまり地名でも同じことが言えるんじゃないか、と思ったのです。日本語は人名が地名になるのとちょうど逆方向で、地名（や地形など場所の特徴）が人名になる方が普通だからです。矢印で示せば、英語は「人名⇩地名」なのに日本語は「地名⇩人名」で、土地や場所の名前が人の名前になります。

あの観光名所も全てが人名

英語では矢印の方向が正反対で、偉人や有名人の名前が、しばしば都市や山や大通りに付けられ、そのことが本人やその家族にとって大変な名誉となります。先ほどは当地の地下鉄の駅の話でしたので、今度はカナダの大都市の名前を挙げましょうか。たくさんありすぎてどれにするか迷うほどなんですよ。

西海岸ならバンクーバーやビクトリアという名前の街がまず思いつきますが、どちらも元は人の名前でした。バンクーバーは18世紀にイギリス人探検家で船長のジェームズ・クックを案内してこの街にやってきた、同じイギリス人探検家のジョージ・バンクーバー（１７５７－１７９８）を記念した地名です。

ビクトリアも同様で、こちらは19世紀に64年間も英国の国王だったビクトリア女王（１８１９－１９０１）のことです。平成の前の昭和は64年までありましたから、昭和天皇の在位は、ビクトリア女王とほぼ同じだったことになりますね。

なお、ビクトリア女王の娘にルイーズという王女がいますが、この名前はロッキー山脈の中にある美しい湖、レイク・ルイーズに残っています。日本人の観光客がよく訪れる観光名所なので、皆さんもきっと名前をご存知でしょう。

日本語は、英語と違います。**ある有名人がそこの出身者だからと言って、土地にその人の名前をつけるのは非常に珍しいことで、そうした例はほとんどありません。**地名には山や海、川の名前も含まれます。富

士山も琵琶湖《びわこ》も日本海も隅田川も今後名前が変わって、人名になることはないでしょう。これから何百年後も同じ名前で呼ばれると思います。

作家の司馬遼太郎さんが自分の作品『峠』の中でこう言っています。なお、ここで地名と言うのはJRの駅名のことです。

「駅名を『伯備《はくび》線方谷《ほうこく》駅』という。いかに（山田）方谷がここに居たからと言って、人名を駅名にする例はない、日本ではここだけであるという。この駅名も、地元の請願であった。鉄道省は当然反対した。「人名は地名にならない」というのがその理由であった。（……）鉄道省も了解したが、先例は曲げられず、「方谷は人名ではなく地名である」として命名された」（全集、文藝春秋、19巻、183－184頁）

人名もやはり大違い

以上、地名に関して、英語と日本語が見事に逆方向であることが分かりました。それでは次に、人名はどうでしょうか。

まず日本人の苗字を考えてみましょう。どんな名前が多いと思いますか？

多くはその家族が昔から住んでいた土地や地形と関係があります。例えば大きな山があると、その入り口に「山口」さん、山を見上げる位置にあるふもとには「山本、山下」さん、分け入った山の中なら「山中」さん、降りてくる方向なら「山出」さん、などとなります。

また、日本人は昔から主食としてお米を食べてきましたから、「田」も大切なキーワードです。たんぼと先祖の家の位置関係によって「田中、上田、下田、中田、田口」、それからたんぼの大きさによって「大田、太田、小田」、たんぼと他のものの組み合わせで「山田、川田、宮田、橋田」など、ほとんど限りがないという感じですね。

たんぼの近くに生えていた木によっては「杉田さん、桜田さん、柳田さん、梅田さん」など、こちらも多くの例があります。統計を見ると、日本で一番多い苗字のベスト・テンは次の通りです。

1佐藤　2鈴木　3高橋　4田中　5伊藤

6渡辺　7山本　8中村　9小林　10加藤

さすがに苗字のベストテンですね。どれもよく目にする名前です。皆さんの中にもこれらの苗字の方がいらっしゃるでしょう。自分の名前でなくとも、これらの苗字を持った知人や友人なら何人かいるのではないでしょうか。

さて、これらの苗字の意味を考えてみたことはありますか。まず第4位の田中は先にも述べました。広いたんぼの内側に祖先の家があったのでしょう。それから8位の中村さんも明らかに場所の名前です。村の中に家があったわけです。山のふもとに祖先が住んでいたのが7位の山本さんですね。家の近くにあった林の大きさによって、大林さん、林さん、それから9位の小林さんになります。

ちょっと分かりにくいのは6位の渡辺さんでしょうか。実は「わた」は古い日本語で海のことでした。今でも詩などでは古い言葉で「わたつみ」ということがありますが、これは「海の霊（み）」、つまり「海を支配する神様、海神」が語源です。

ですから苗字の「わたなべ」は「わた(海)の辺(へ)」が語源で、「海のほとり、海辺」に住んでいた人の子孫です。

第2位の「鈴木」はいろいろな説があるようですが、元々は土手や荒地に群がって生える背の高い草を意味する「すすき(芒・薄)」だったのが、その意味で書かれる漢字がそれぞれ「亡くなる」「薄い」という悪いイメージを伴うので嫌われ、縁起のいい「鈴」に変えられて「鈴木」になったという説に、私は賛成します。

やはり場所なのです。

3位の「高橋」はどうでしょう。昔は今のように進んだ土木技術がなかったので、

橋を作って川に渡すことは大変難しい工事だったのです。ましてや日本の各地にある、川幅が広くて流れが深い川の場合なら、大きくて丈夫な橋をかけなければなりません。そうした背景から「橋」にちなんだ苗字が多いことが分かります。

大橋、高橋は橋の大きさですし、橋本、橋元、橋下、前橋などは橋と家との位置関係を表しています。高橋さんは、その高い橋の近くに祖先が住んでいたと思われます。

そうするとこれまで述べた鈴木、高橋、田中、渡辺、中村、山本、小林の苗字は**全て場所や地名がもとになっている**ことになりますね。

「藤」がある苗字は「藤原」から

では残る3つの苗字、つまり佐藤、伊藤、加藤は何でしょうか。これらもよく調べてみると実は地名がもとになっていることが分かります。

「藤」の入った苗字は他にもたくさんあって、遠藤、近藤、斎藤、武藤、後藤、工藤など、すぐたくさん思いつきますが、これらに多くの苗字に共通する「藤」という漢字は、実は貴族の名前「藤原」から取られたものでした。日本の歴史を勉強すると必ず出てくるのがこの藤原と呼ばれる貴族で、古代から名門中の名門貴族です。あの「源氏物語」を書いた紫式部も藤原家の一人で、父親は藤原為時《ふじわらのためとき》、夫は藤原宣孝《ふじわらののぶたか》と言いました。

ところが、元をたどれば「藤原」そのものが場所の名前です。文字通り、「藤の生えている（野）原」がその意味なのです。645年に起きた「大化の改新」で中大兄《なかのおおえの》皇子《おうじ》（後の天智天皇）を助けた中臣鎌足《なかとみのかまたり》は、その手柄により天智天皇から大和（今の奈良県）にあった藤原里を与えられ、その場所の名前から「藤原」鎌足と改名し、大いに出世しました。こうして藤原家が始まったのです。

その後、特に平安時代（794―1192）には結婚を通じて天皇家に接近し、いわゆる摂関政治を行い、実に巧みに政治を支配しました。そのために、特に絶頂期に勢いを振るった藤原道長（966―1027）などは「藤原家にあらずんば人にあらず（＝藤原家でなければ人でない）」とまで豪語するほどだったのです。このようなことは日本史の授業で習いますし、多くの日本人が好きな歴史小説にも出てきます。

さてそうなると、誰もが官職につく必要から、藤原家の勢いに「あやかり」たいと思うようになります。特に都（つまり京都です）を遠く離れた地方の豪族たちは、にせの系図をこしらえてまで「実はですね。ウチの遠い先祖は藤原家なんですよ」と威張って言うようになったのです。そうすると今度は「藤原」という苗字が増えすぎるという問題がおきたので、「○○の藤原」と○○のところに官職や出身地を入れて自称するようになり、それが短くなって「藤原」は「藤」だけとなったというわけです。発音も訓読みの「ふじ」ではなくて、この場合は音読みの「とう」になりました。

官職の一部が残った例では「斎宮頭の藤原」から「斎藤」、「木工助の藤原」から「工藤」があります。しかしそれよりも数が多いのは出身地の一字と「藤」を結んだ苗字です。その例をいくつか挙げてみましょう。

「近江（今の滋賀県）の藤原」から「近藤」、「遠江（今の静岡県西部）の藤原」から「遠藤」、「加賀（今の石川県南部）の藤原」から「加藤」、「尾張（今の愛知県西部）

の藤原」から「尾藤」、「武蔵（今の東京、埼玉県、神奈川県の一部）の藤原」から「武藤」、「伊勢（今の三重県の北中部）の藤原」から「伊藤」などが出ました。

考えてみますと、前に述べたように「藤原」という苗字がそもそも場所を示していますから、このグループは二重の地名だったことになります。

場所より人の英語の苗字

それでは次に英語です。英語の苗字はどうなっているのかを見ることにしましょう。アメリカ人の苗字ベストテンを見てみるとやはり思った通りで、これらの苗字に「場所」や「地名」は一つもありません。そこにあるのは、まさに予想通り、「人間」ばかりなのです。ベストテンに限って言えば、何と100パーセントそうです。それら10の「アメリカ人に最も多い苗字」をお見せしますので、日本人の苗字と同様にそれらの意味や語源を考えてみましょう。

1 Smith 2 Johnson 3 Williams 4 Brown 5 Jones
6 Miller 7 Davis 8 Wilson 9 Anderson 10 Taylor

日本人の代表的な苗字とこれほどまでに「命名のノウハウ」が違うことに私はとても驚きました。ひとことで言えば、**日本人の苗字は「祖先はどこに住んでいたか」に注目しますが、アメリカ人は「祖先はどんな人だったか」が大切**だということです。

つまり人名に関しては「場所の日本語」、「人の英語」と言えます。

「どんな人だったか」の最初のグループは「どんな仕事をしていたか」、つまり職業が苗字になった例です。第1位の「スミスさん」は小文字のsmithと書けばそのまま普通名詞の「鍛冶屋さん」ですし、6位の「ミラーさん」もそのままのスペルで「粉屋（製粉業）さん」です。10位の「テイラーさん」は普通名詞では今「tailor」と書かれるようになっていますが、服の「仕立て屋さん」です。日本語でも「テイラー・メード」と言いますよね。（仕立て屋の作った、注文仕立ての）という意味で、カタカナの「テイラー・メード」が広辞苑にちゃんと出ています。

西洋語に多い「父称（Patronymic）」

ベストテンのうち三つの苗字が職業ですが、次のグループの「どんな人だったか」で問題となるのは「その父親は誰だったか」です。「苗字」のことを時に「父称(Patronymic)」というぐらいで、英語だけでなく、フランス語やドイツ語など西洋の多くの言語でしばしば見られることなのです。まず苗字に「―son」が付くのは父親のファーストネームに普通名詞の「息子（son)」を付けたものです。ここでは「Johnson、Wilson、Anderson」の三つがベストテン入りをしていますが、この順番に「ジョン、ウィリアム（略してウィル)、アンドリュー」が父親の名前でした。

父親のファーストネームの後に「息子（son)」の代わりに「所有格の's」が付くグループもあります。つまり「ジョン・ソン（=ジョンの息子)」の代わりに「ジョンズ（=ジョンの)」と言うわけです。その後にアポストロフ（'）がなくなりました。

このタイプには「Jones, Williams, Davis」が上位10の苗字に入っています。最後のDavisは「デイブの（息子）」ですが、デイブとはデイビッド（David）の愛称ですね。ウィリアムがウィルやウィリーと短くなるのと同じです。

10の苗字のうち、職業が三つ、父の名前は何と六つもありました。一つだけ異色なのが4位の「ブラウンさん」です。これは形容詞の「茶色い、日焼けした（brown）」と同じで、祖先の身体の特徴、おそらく完全な白人ではなく、浅黒い肌の人だったのでしょう。つまりここでも「どんな人か」というその人、本人のことに注目した苗字なのです。日本人のように、「どこに住んでいたか」という場所や地名の苗字は全くここにはありません。英語と日本語はまたしても正反対なのです。

第一章では、あいさつなど日常表現を比べて「英語の文には人間が出てくるのに、日本語の文にはいない」という結論を出しました。そして第二章の人名と地名の比較からも、これとそっくりの結論になりました。つまり、言葉を話す場を、劇の舞台にたとえるなら、英語はそれを演じる役者、「人間に注目」するのに、日本人は人間よりもその周りの舞台や背景、つまり「場所に注目」するということです。もしそうなら、全く同じ状況を日本と英語では全く違った角度からとらえていると言えそうですね。

実はその通りなのです。段々と問題の輪郭が見えてきましたが、まだしばらくは「手がかり」を積み上げる作業を続けることにしましょう。次は少し違うテーマからお話をします。

第三章

声と視線に秘められた理由

日本人が英語を苦手な本当の理由

どうしてこの点がもっと指摘されないのか、私は不思議でたまらないのですが、**日本人が「英語下手」な大きな理由の一つは私たちの「声」**です。町の本屋さんで手に入る英会話の本は、単語やイディオム集といったものが多いようですが、カナダで留学を始めたころ、私が一番しつこく注意されたのが実は「声」でした。

友人や知人に何度同じことを言われたことでしょうか。

「え、ごめん。聞こえなかった。もう一度言って」

日本人の声が遠くへ届かないことは通訳を交えた会議などでもやや絶望的で、よく言われる日本人会議参加者の「3S」、つまり「沈黙（silence）」「微笑（smile）」そして「居眠り（sleep）」もその原因の一つは「声の弱さ」にあります。せっかく大事な発言をしても、他の参加者に声を拾ってもらえず、内容はともかく声の大きな人の方に注意を横取りされてしまうことが多いからです。

私は英語やフランス語がようやく話せるようになってから、カナダやアメリカや日本で、それこそ何百回も通訳をしてきましたが、日本人が無視される場面にしばしば出くわして何とも悔しい思いをしたものです。そしてお客様に聞こえないように気を付けながら「声ですよ、声！」と何度もつぶやいたものです。

お気づきの方も多いと思いますが、英語話者は金属的音色とでも呼びたいような声を出して話します。フランス語と比べても「やや異常な」声なのですが、これが実に「遠くまで届く音」なのです。

実は西洋には「骨音響学（Osteophony）」という分野の学問があって、人が音声を発するときに自分の身体のどの部分を共鳴箱として使うかは、この学問の大切な研究分野の一つです。それによれば英語は主に頭蓋骨《ずがいこつ》を響かせるそうで、そうすれば周波数が高くなるのです。典型的にはオペラ歌手の歌い方がそうで、その為に、ステージの上でマイクを使わなくても舞台から歌声は劇場の隅々まで届くのです。

これに比べて、日本語の話者が響かせるのはそれより身体のずっと下方の胸や腹で、そうすると共鳴度自体がはるかに弱くなります。それでは実際に骨音響学の専門家が実験室で音響機械を使って測定したいくつかの言語の平均的な周波数（もちろん幅があります）を次のページの表で比べてみましょう。

この表を見るとまさに一目瞭然《いちもくりょうぜん》ですね。

日本語と英語は周波数がかけ離れています。日本語の音声の周波数は125から1500ヘルツ、それに対して英語は2000から15000ヘルツと大きな差があります。何と、日本語の最高より英語の最低が上なのですから。まさに「段違い」で「桁外れ」です。つまり、日本人は英語を話す際に、舞台俳優かオペラ歌手になったつもりで、よほど意識的に努力して「頭のてっぺん」から出さないと英語話者のような「遠くへ届く声」を出せません。

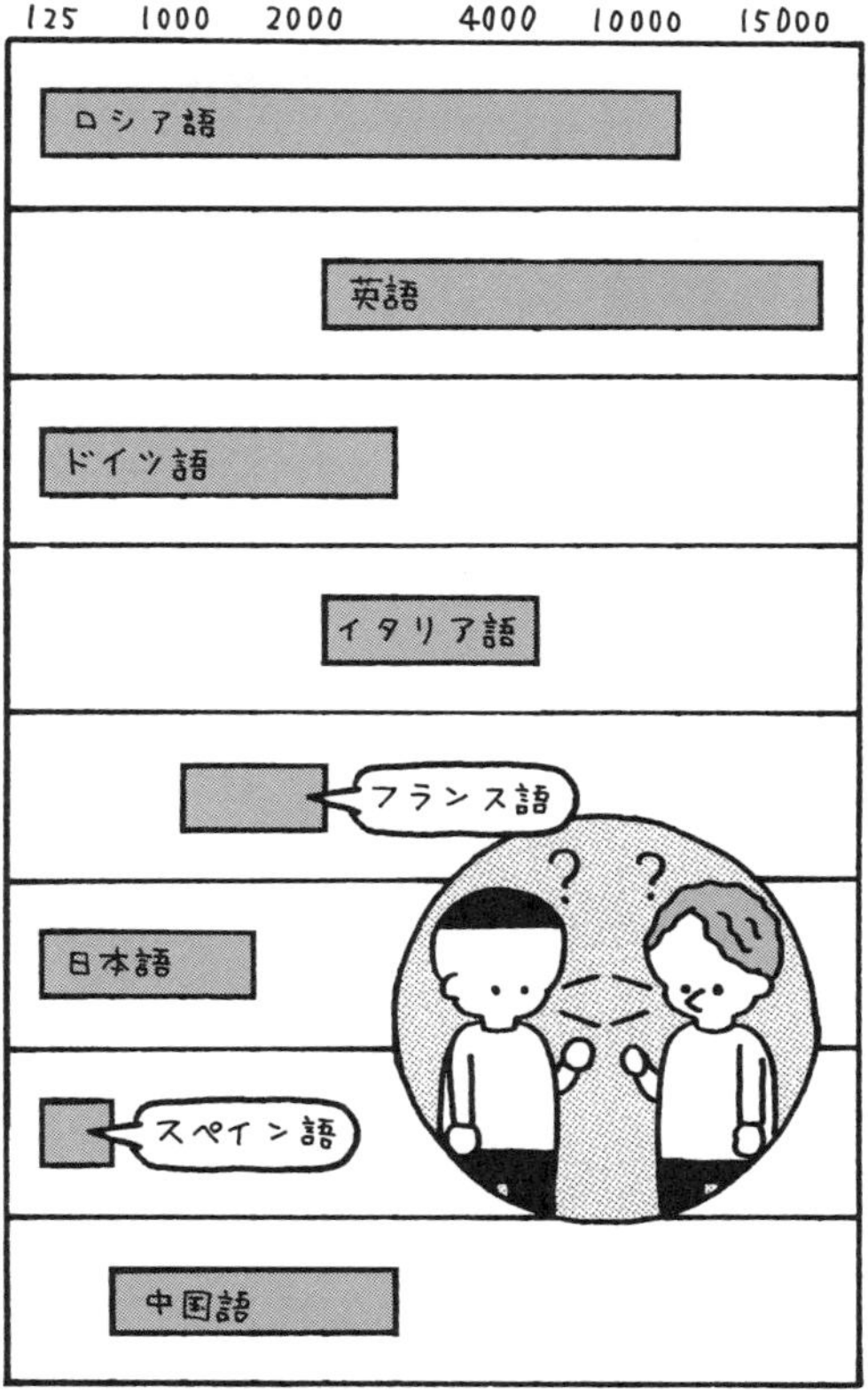

各国の言語の周波数の違い（単位：ヘルツ）

実はこうした発声を英語話者は子供のときに意図的に訓練することをこの分野に詳《くわ》しい友人が教えてくれました。ちゃんとしたレッスン・プログラムがあると言うのです。文字通り、「声を飛ばすテクニック」(Voice Projection Technique)という名前の発声法理論とその実践で子供たちは訓練され、ようやく「遠くへ飛ぶ」声が出せるようになるのです。テクニックとしては音「量」よりもむしろ音「質」で、頭蓋骨を共鳴させる金属的な音がこうして習得されるわけです。

中国語は500から3000ヘルツで、日本語と英語の間にあります。

この科学的データも、中国人の方が英語の上達が日本人より速い理由の一つだと言えるでしょう。もちろん、それだけではなく、基本文の構造という大切な点でも英語と似ているのは中国語で日本語ではありません。

モントリオールの地下鉄での体験

モントリオールにはよく発達した地下鉄ネットワークがあり、便利なので２０１２年に退職する前は私もよく利用していました。大学に行くときにも、私は長年BMWでした。ただし、BMWといってもドイツの高級車ではなく、お金のかからないBus・Metro（＝地下鉄）・Walking（＝徒歩）だという、学生たちのジョークです。

さて、その地下鉄の中で、しょっちゅう本を読んでいて、ある日、面白いことに気がつきました。本を読んでいて「周りがうるさいなぁ」と思って本から目を離すときがたまにあるのですが、それはほぼ間違いなく英語、英語でなければ中国語が話されているということです。

この街で一番話す人が多いフランス語の場合はほとんど気になりませんが、英語だと聞きたくもない会話が耳に入ってきますので、うるさくて本が読めないのです。あまりにうるさいので一度、口に指を当てて「しっ！」と言ってみましたら、向こうが「注意される理由が分からない」という驚いた顔をして肩をすぼめたので、今度はこちらが驚きました。考えてみれば英語話者なら誰でもこんな声で話すわけですから、むしろ当たり前の反応でした。

声の大きさで英語と中国語はよく似ています。一度、日本人が「ぶち切れ」て怒りまくっているような声が聞こえてきたので、私はてっきり大喧嘩をしているのだと思い込み、「一体何事だろうか」と目を上げて声のくる方向を見ました。すると何のことはない、中国語の会話でした。興奮して「話し合って」はいますが、「怒鳴り合って」喧嘩をしているわけではなかったのです。こういう話し方が当たり前の、英語話者や中国語話者の本人たちは、自分たちの声が周りの人の本を読めなくしているなどとは思いもつかないのです。

マナー・モードは和製英語で、その英訳はサイレント・モード

このように、英語と中国語は声の大きさや周波数が近いことも、日本人より中国人が英語を早くマスターできる理由だと私は思います。彼らは、もちろん、バスや電車の中でも平気で携帯電話を使い、大声で話します。

ちなみに、電車やバスの中で携帯電話を使うことを遠慮する文化は日本ぐらいなものので、私など久しぶりに日本へ帰って来ると車内の静かなことに毎回驚かされます。新幹線の前の座席に日本語で「携帯はマナー・モードでお願いします」というようなことが書いてありますよね。

この「マナー・モード」という言葉は日本でしか使われない和製英語なんですね。英語の方ではその部分が「サイレント・モード」と訳されていました。

英語話者は日本人のように、「静寂が基本的なマナーである」とはあまり考えないのです。それで、わざわざ「静寂（つまり沈黙）モード」と言わないといけないのでしょう。

日本人は相手を見つめない

発声と並んで重要なポイントが視線です。多くの日本人は「相手の目を見つめること」を失礼と思いますが、これはちょうどその逆に「相手の目を見て話さない」人を失礼と考える西洋人とは正反対です。

文化の違いとは恐ろしいものですね。

第一章で見た「話し手と聞き手が同じ方向を向いて共感する」ことを基本の「立ち位置」とする日本語だからこそ、相手を直視したり見据えることは失礼に当たるのでしょう。第一、道で知人と会ったときに、日本人ならよく会釈《えしゃく》をします。会釈とは「にこやかにうなずく」ことです。

さらに敬意を表すなら、立ち止まって、顔だけでなく身体全体を前方に折りますね、これが「お辞儀」です。身体を折るとは、つまり自分を小さく見せることです。お辞儀には、相手を直視しないという意思の表示でもあるのかも知れません。

これに対して、西洋なら身体を反らす方向がこれまた見事に正反対。こちらは身体を大きくするのです。

前ではなく後ろで、典型的には、胸を反らしてアゴを突き上げ、「ハーイ」とか相手の名前を大声で言って、相手の方を向いたまま大股で近づいて行きます。もちろん視線は相手を直視したままです。**「オレがここにいるぜ！」と言わんばかり。**腰をかがめて身を小さくする日本人と大違いなんですね。

私は日本へ留学する教え子が日本で痛い目に遭うのではないかと、いつも心配でした。ですから、出発前には必ず「日本じゃ相手の目を見つめるなよ」と、しつこくアドバイスしていました。また声についてもそれと同様で、「声を抑えること」を勧めました。

さて、日本人が英語を苦手とする理由の一つもこの辺りにあると思います。

相手の目を見ることそれ自体は、良くも悪くもありません。

大切なのは、英語を母語にする話者は大きくよく通る声で相手の目を見て話すし、日本語の母語話者はそうしない、という文化的な違いを認め、理解して「郷に入っては郷に従え」の教えの通り、相手の土俵にのぼることなのです。つまり、英語を身につけるためには、日本的な慎み深さや遠慮は意識的に忘れ、オペラ歌手や俳優になったつもりで「英語話者の役を演じて」、その後は日本人の自分に素早く戻ってくればいいのです。


このことを私は教え子たちに「川を渡る」イメージで説明してきました。日本と英語の両方が自然に話せる人は、上手にあちらの岸へ渡って「演技」を楽しみ、それが終わったらひょいと川を渡って戻ってくることができます。

このレベルに達すると、もうしめたものです。英語を話す日本人も同じで、**人格を変えるつもりで**向こう側に「渡り」、演技した後はまたこちらに「戻って」くればいいのです。英語話者と日本語話者は渡る方向を逆にするだけのことです。

ではここで、本書の第一章の三組の「日常表現」や、北山修さんの『あの素晴らしい愛をもう一度』と俵万智さんの短歌を思い出してください。そこでは「共視」の大切さが語られていました。この第三章でみた「相手を直視」しようとしない日本人の傾向は「共視」と大変よく似ています。結局、言葉とは文化そのものなのです。言葉はしぐさや振る舞いと同じ方向を向いていると言っていいでしょう。

次の章からはいよいよ英語と日本語の典型的な文の組み立てを比較することにしましょう。違いがとりわけよく浮かび上がる文は、それぞれの言葉における「愛の告白」であることに私は気がつきました。それでは、この本の主人公である「日本語君・日本語さん」に、英語におけるロマンチックな場面へと「渡って」もらいましょう。さてどうなりますか。

第四章

愛の告白に秘められた理由

日本人が自己主張しない「言語上の理由」

本書はここまで、日常表現でも（第一章）、地名と人名でも（第二章）英語では人間がいたるところに出て来るのに、日本語では人間の姿が見えないという大きな違いを見てきました。

第三章で比べた声と視線についても、英語を話す人は「ほら、ここに私がいるんですよ」という自己主張を一生懸命しているので、自然に声も大きくなるし聞き手を真直ぐ見つめるのだ、と考えれば納得できます。

そう言えば英語の母語話者は「ほら、私の言うことをよく聞いて（Listen to me）」とか「あなたに大切なことを言わせてね（Let me tell you something）」とか「きっと信じられないよ（You won't believe this）」などというような、日本人から見るといかにも芝居じみておおげさな言葉を、これでもまだ足りないかと、おまけに聞き手の名前をあちこちに挟みながら繰り返す傾向があります。実はこれらも常に聞き手の注意を引くためで、やはり自己主張の強さで「自分の言うことは正しい」と信じ切っている態度なのです。

アメリカ人や中国人とは全く正反対、対照的に、日本人の自分の意見をはっきり言わない傾向の強さは既に世界的によく知られています。ただただ珍らしい動物のように不思議がられていますが、その理由が何なのか、私はカナダに来てからずっと考えていました。

そのうちに、ふと、その原因は、もしかしたら日本語という言葉そのものの中にあるのではないか、という気がしてきたのです。つまり、**日本語という言葉そのものの中に「自己主張にブレーキがかかるような仕組み」が潜んでいる**のではないか、と私は予想しました。

本書の最も大切なポイントの一つである「基本文の組み立て」について話すときがとうとうやってきました。これから英語と日本語の文の作り方、つまり組み立てや語順を比べてみます。そのためには、いまだに忘れられない二つの事件を思い出して正直にお話ししなければいけません。

「とのぶー事件」

1回目は私が「とのぶー事件」と呼んでいるものです。この「事件」で受けた大きなショックが心に残って、ずっと後になってモントリオール大学で日本語を教えるようになってからも、カナダの学生によくそのエピソードを話したものでした。「ずっこけ金谷先生の失敗談」を聞いて学生たちは大喜びでしたが、大笑いした後で「あれ、考えてみたら、変なのは私たちの言葉の方かも知れないね」と逆に自分たちの母語（英語や仏語）を客観的に見直してくれることがしばしばあったのも事実です。私の「痛いエピソード」が少しは役に立ったのかも知れません。

問題の「とのぶー事件」。それは1975年（昭和50年）に留学先である古都ケベック市のラヴァル大学に落ち着いて間もない、最初の夏休みのことでした。国が遠すぎるとお金のない留学生はみんな「帰国困難者」となるのです。大学の寮には、そんなアジアやアフリカからの外国人留学生がたくさん残っていました。今は違うかも知れませんが、その当時は留学生と言えば貧乏と決まっていたものです。

さて、私の住んでいたパラン寮で、何かと親切にしてくれる黒人学生と親しい友人になりました。それが、廊下をはさんで前の部屋に住んでいたカシアン君です。カシアンの国はアフリカの象牙《ぞうげ》海岸（コートジボワール）で、主専攻は地理学でした。象牙海岸は長年フランスの植民地でしたから、フランス語が今でも公用語で、学校教育も主にフランス語でなされます。優秀な学生だったカシアンは当然フランス語がペラペラで、フランス語で苦労していた私をよく助けてくれたものです。

カシアンはその日、私の部屋に遊びに来ていました。そして、何を思ったものか、突然私に大声で**「とのぶー！」**と言ったのです。

「とのぶ〜!?」日本語の単語にも聞こえるこの言葉の意味が私はまるで分かりません。

私は首を横に振って「分からないよ」と答えるばかりでした。

するとこのアフリカの友人はもう1回、そして最後の3回目は「とどめを刺す」かのように、一語ずつゆっくりと「とぉ、のぉ、ぶぅー！　タキ！」と発音したのです。タキは私のニックネームです。

そして、カシアンはそう言いながら、私のベッドの横にあるものを指差していました。「何だろう？」と思って私がその指の先を見ますと、そこにあったのは湯沸かしポットでした。そのポットが大きな音を立てていました。お湯が沸いていました。

何だ、そうだったのか。

私はポットを見てやっと分かりました。親切なカシアンは「お湯が沸いているよ」と教えてくれていたのです。

そう言えば二人でコーヒーを飲もうと思い、彼を部屋に誘う前に、水を入れたポットをコンセントに繋いでおいたのでした。

カシアンが3回も叫んでいた文はフランス語の「TON eau bout!」でした。日本語訳すれば「TON（君の）eau（水が）bout（沸騰してるよ）」（英訳すると「YOUR water is boiling.」）です。たった三語の文で、しかも難しい単語は一つもありません。文の意味がようやく分かってやれやれと一安心したものの、引き続いて、大きなショックに私は襲われました。

何ということでしょう。書いてしまえばたった三語の、こんな簡単な文を、3回も続けて、しかも三度目は一語ずつはっきり言われたのに、私の耳は意味を聞き取れなかった。その失敗に対するショックです。

でもだんだんと、分からなかった理由も見えてきました。私は自分にこう言ったのです。「ちょっと待てよ。もし日本語なら、この中の「TON/YOUR」つまり「お前の」

は絶対言わないな」と。
「ちょっと僕の部屋においでよ」とか「君の国ではさ、」などと言うときの「僕の・君の」なら日本語だって自然ですが、まだカップに注いでもいないお湯を「君のお湯」とは日本人なら決して言わないな、と。

そのときです。私には「おいおい、また、あれか！」と思い当たることがありました。もうお分かりですね。

「あれ」とは、これまでの三つの章で見てきた、日本語ではあまり出てこない人間が、フランス語や英語には出まくっているという大きな違いのことでした。「とのぶー」という簡単な文にまで、また人間が出てくるのか、と私は思って溜め息をついてしまいました。それにしても何と頑固なのだろう。とにかく、しつこい。

カナダで日本語を教えて生きていこうと思ったきっかけの一つが、1975年の秋の日の午後に起きた、この「とのぶー事件」だったことは確かです。満足に英語もフランス語も話せなかった私が、その後がむしゃらに勉強して大学院に進み、言語学で修士、さらに博士号を取ったのも、日本語と西洋語のこのあまりに大きすぎる違いを追って、その「根っこの理由」をどうしても明らかにしたかったからです。

日本語を教えてはじめて気づいたこと

日本語と英仏語の違いの根っこをつかもうと決心した私は、言語学の大学院に入って、ケベック市に残りました。

3年目にしてようやく英語もフランス語も何とか一人前に話せるようになって、その当時は日本人観光客を相手に古都ケベック市のガイドを熱心にやっていました。学生アルバイトです。さらにうれしいことに、内容が簡単なものである仕事に限ってですが、日英、日仏の通訳翻訳の仕事もこわごわ始めた頃でした。

それだけでなく幸運の女神は、フランス系カナダ人の恋人まで見つけてくれました。もちろん、人生の一大事です。ようやく毎日が充実してきて、カナダにこのまま住み着いてもいいなとさえ、ぼんやり考え始めていた頃です。

そんなある日のこと、大学の教務課から電話が入りました。そして、何とこう言われたのです。

「もしもし、学籍簿を見て電話しています。ムッシュー金谷は日本人じゃありませんか。あ、やっぱり。それは良かった。あのう、ウチの大学で日本語を教えてみる気はありませんか」

こうして、突然、何の前触れもなく、外国語としての日本語をラヴァル大学で教えることになったのです。教務課の女性の説明によると、教える予定だった日本人と急に音信不通になったとのことでした。私はその人のピンチヒッターとして、秋学期（9月から12月までの4か月）だけ、教えることになったのです。このときの体験がその後の日本語教師への道をひらいてくれたのでした。

さて、教え始めてすぐ気づいたことの一つが人称代名詞に関してです。**学生が日本**

語で作文をすると、不要な人称代名詞を使いすぎるのです。例えばこんな会話が出てきます。

「もうあなたは花子さんと話しましたか」
「はい、わたしは彼女と話しました」

せっかく日本語を学ぶのなら、何よりも「自然な」、つまり日本人が普通に話している日本語を、学生が話したり書いたりするようになってほしいと私は思っていました。ですから、例に挙げたような文は、どんどん赤鉛筆でいらない単語をペケにしていきました。つまり、直したあとはこんな風になります。この方がずっと自然ですよね。

「もう~~あなたは~~花子さんと話しましたか」
「はい、~~わたしは彼女と~~話しました」

そして、こう説明したのです。人称代名詞を残しても、文法的に間違ってはいません。でもこれらはごてごての悪文です。悪文だから日本人ならこんな言い方はしませんよ、と。

悪文の犯人は人称代名詞だった

赤鉛筆を振るってあちこちに朱を入れながら、私は3年前の「とのぶー事件」を思い出していました。あの失敗のショックがよみがえってきたのです。私はこんな風に考えました。

結局のところ、ペケで消しているのは「君のお湯が沸いているよ」の「君の」と同じものでした。つまり、名詞が次に続けば「私の（話）」ですが、次に来るのがもし動詞なら「私が（話す）」などとなるだけのことで、「私の」も「私が」も「私」という人間について言っている点は同じだからです。ですから「君のお湯」が不自然なように「わたしは彼女と話しました」も不自然なんだ、と私は思ったのです。

その一方で、私が反省しなければいけないと思ったこともありました。先の例文で直した後の「もう花子さんと話しましたか」という文の中の「花子さん」だって「人間」だという点です。

でも「もう花子さんと話しましたか」は悪文ではなく、ごく普通で自然に聞こえる日本語です。ですから英仏語と比べて日本語で少ないのを「人間」とするのは言い過ぎでした。そうではなく、初めて、つまり新しい情報として人間を出すときには「花子さん」や「太郎君」を使ってもいいけれど、一度登場した人についてもう一度何か言うときにはわざわざ「彼」や「彼女」と言う必要は日本語にはない、ということなんだと修正したのです。

また、話し合っている当人である「あなた」や「わたし」は文脈で当然誰のことかが分かっているから言わない、と気がついたのです。ですから、私が「日本語では言いません」と直すべきものは「人間」というよりは、固有名詞に続いて使われる「人称代名詞」なのでした。

考えてみれば、学生たちは自分の母語である英語やフランス語の文をそのまま一語ずつ直訳していたのです。「はい、わたしは彼女と話しました」とわざわざ書くとき、その学生は、「Yes, I talked with HER」という英文（あるいはそれに当たる仏文の「Oui, J'ai parlé avec ELLE」）を**一語ずつ直訳**しているのです。

ここまで気がついた私には、次の宿題が残りました。それは「なぜ日本語では人称代名詞がいらないのか」という疑問です。

日本語を教えながらひたすらその答えを見つけようと考えていたときでした。これからお話しする「ジュテーム事件」が起こったのは。

ジュテーム事件

この章の始めに「忘れられない思い出が二つあります」と書きましたが、これからお話しするのがその二つ目です。

週に2時間ずつ月・水・金の3回、つまり週に6時間日本語を教えていたその秋の日の午後、何か決心したような顔をして一人の学生が手を挙げました。そして私に言った質問はこうでした。

「先生、誰かを好きになったときに日本人は相手にどう気持ちを伝えるんですか。日本語の『ジュテーム』を教えてください」

「ジュテーム」はおそらく最も有名なフランス語の表現でしょうから、皆さんもきっとご存知ですよね。英語の「I love you」に当たるフランス語で、「Je t'aime」と書きます。さぁ、これに当たる一番自然な日本語文は何でしょう。皆さんならこの質問にどう答えますか。

日本語を学ぼうと考えるぐらいですから彼らは日本が好きな若者たちばかりです。彼らの夢はいつか日本へ行くことですし、さらに上手くいったら、「ジュテーム」が日本語で告白できる日本人と出会えたらどんなにステキだろう、と夢見ています。若い彼らにとっては、いつの日か日本人の恋人ができること、それ以上の幸せはないのです。質問した学生だけでなくクラスのみんなが、真剣な顔をしてこちらを見ています。早くもうっとりとした表情で目にはハートのマークを浮かべています。

私はたじろぎました。

「ええとですね。日本人はあまりやたらにジュテーム、ジュテームなんて言わないんですよ」と文化的説明で逃げようかな、と一瞬思いましたが、そんな答えで逃げようと思っても、何事にもストレートなカナダの学生たちはとても納得してくれません。

すると、さっき手を挙げた学生が、まるで答えに困った私を助けてくれるかのように、こう言ったのです。

「先生、実はね、私、答えを知っているんです。本に書いてあったから。ただ、これでいいかどうかを先生に聞いて確かめたかったんです。ええと……」

そう言って、書き写したと思われるメモを読みました。

「あ、これだ。『私は、あなたを、愛しています！』」

私は手を振って「だめ、だめ。それじゃだめです」と言いました。またまた同じ説明です。「文法的には正しくても、日本人がそう言わないのだから、やはり悪文です」と。そして「皆さんたちには自然な日本語を話してもらいたいですからね」と強調しました。日本人ならよほどの変人でなければ「私はあなたを、愛しています！」なんてフツーは言いませんよね。

そこで自然な日本語ならどうなるだろうかと私は考えました。英語の「I love you」、フランス語の「Je t'aime」に当たる愛の告白の表現は日本文では（多くの場合、相手の方を見るでもなく、また聞こえないような小さな声で言う）「好きだよ」（女性なら「好きよ」）が一番自然なのではないでしょうか。あるいは、私は使いませんが、「愛しているよ」かも知れません。

ただし、日本語でも流行歌の歌詞には「わたし」や「あなた」がよく出てくることも事実です。

ここで、「はじめに」で紹介したＡＫＢ48の『恋するフォーチュンクッキー』の歌詞を思い出してください。

♬あなたのことが好きなのに、私にまるで興味ない

この歌に「わたし」も「あなた」も出てくるからと言って、英語やフランス語と同じだと言ってはいけないのです。ほら、ここに誰のことか分かっているから、出てこない人がいますよね。

そうです。それは「(わたしは) あなたのことが好きなのに、(あなたは) 私にまるで興味ない」という意味ですよね。ここで（　　　）の中にかくれている「わたし」と「あなた」が日本語ではなくてかまいません。英語なら絶対必要ですが。つまり、「と

のぶー事件」の「君のお湯が沸いてるよ」と同じなのです。分かっている人でも英仏語は代名詞にして言いますが、日本語は言わないし、言わない方がいいのです。

学生が教えてくれた日本語の特徴

誰のことを話しているかが分かっていたら、日本語では人称代名詞を使う必要がない、ということを知って驚いた学生たちが今度は騒ぎだしました。

「どうして英語やフランス語では必ず代名詞を使うんだろう」と自分の母語を振り返ってくれたのです。熱心でよくできる女子学生が手を挙げてこう言いました。

「分かった。動詞が活用するからですっ！」

そうなのです。

日本の大学でフランス語を学び始めたとき、私が一番驚いたのは「動詞活用」でした。逆に言えば、動詞活用があるために、「食べます」などという簡単な日本文が何とそのままでは仏訳できないのです。誰が食べるのかが、つまり主語が決まらない限り、動詞の形（これを活用と呼びます）が決まらず、文が作れないからです。主語が文に「必ずある」のはそのためです。

日本語にはそんな規則はないので「食べます」で十分ですが、仏語なら「JE mange, TU manges, IL/ELLE mange, NOUS mangeons, VOUS mangez, ILS/ELLES mangent」と主語によって動詞をいちいち言い分けなくては文になりません。

英語は動詞の活用をほとんど失ってしまいましたが、それでも「HE/SHE eats」と「三人称単数現在」のいわゆる「三単現のS」がしっかり残っていますし、Be動詞にはまだ「I am, YOU are, HE/SHE is, WE/YOU/THEY are」と活用がしぶとく残っています。これらの人称による動詞変化は、フランス語やドイツ語には英語よりはるかに豊かに残っています。

英仏語で人称代名詞が表れるのは特に主語ですが、そればかりではありません。「はい、私は彼女を見ました」という悪文をよく学生は作りますが、それはその文を翻訳する前の英仏語の文には主語だけでなく目的語も必要だからです。英語は「Yes, I saw」だけでは駄目で、最後にHERをつけて「Yes, I saw HER」と言わなければ正しい文とは言えません。

これも日本語には全く関係ない英仏語サイドの特殊事情なのに、「日本語も英語と同じような構造をしている」と学校文法では明治時代からずっと教えられてきました。ですから「私は彼女を見ました」が正しく、その上で「主語や目的語は分かっていれば省略される」と補足説明をするという実に情けない学校文法が今でもまかり通っているのが現状です。

『恋するフォーチュンクッキー』の歌詞も、「主語が分かっているので、省略されている」という考え方になるわけですが、英仏語がその解釈の基準になっているのです。

文法学者の三上章さん（１９０３―１９７１）が「学校文法は第二英文法で教えられている」と憤慨したのは当然で、全くその通りだと言わなければいけません。でも、その誤りの事実が明らかになったら、私は三上さんが主張したように、もう学校文法を直さないといけないと思います。

日本語は盆栽、英語はクリスマスツリー

そうしているうちに、ある日、私は名案を思いつきました。学生たちにも協力してもらって、日本語と英仏語の基本文を絵で表現してみようと思ったのです。文の仕組みが絵で説明できたら、それになぞらえて文を作ればいいわけですからずっと簡単になると思ったのです。

比べる文は、違いが一番明らかに浮き出る他動詞文にしました。英語でSVO構文と呼ばれるものです（S=subject「主語」、V=verb「動詞」、O=object「目的語」）。

学生たちは、私に「共感」してくれて、雪ダルマとか、風船とか、犬ぞりとか、リヤカーとか、いろんな絵を考えてくれましたが、どれも「いまいち」。私は首をたてにふりませんでした。

何回か試行錯誤を繰り返して、一応これでいいかな、と思えたのが次の図です。

英語と日本語の基本文を表す絵

ここに日本語と英仏語の「世界観」の違いがよく表れていると思います。クラスで学生といろいろと一緒に考えた時間はとても楽しく、いい思い出です。「○○さんが提案してくれた盆栽とクリスマスツリーに決まりっ！」とクラスで発表したときは、教室に大きな拍手が起こりました。アイディアを出して助けてくれた当時の教え子の皆さんにこの場を借りてお礼を言います。

少し二つの図に説明を加えましょう。ご覧のように、日本語の他動詞文は盆栽型です。この中で一番大切なのは盆栽の根が入った鉢で、それが文字通り「日本語の根っこ」になります。私がそのときまで長年探していた「日本語の根っこ」は盆栽の鉢だったのです。

補語があるときは上下二段ですが、もし補語の内容が分かっていたら、日本語はそれを代名詞で言い換える必要はありません。そう考えると、日本語の基本文はむしろ「盆栽の鉢だけ」でいいのかも知れませんが、もし補語を新情報として付け加えるときはどこに現れるかを「根プラス枝」の盆栽ツリーが示しているので、このままにしておきます。

とっても重要なのでもう一度繰り返しますね。この「ツリー比較」で何より皆さんに注目していただきたいのは次の点です。

日本語の基本文では、英仏語などと違って、盆栽の鉢、つまり述語があるだけで、もう立派な文だという事実です。

どうしても新しい重要な情報として言いたいことがあるときに、その鉢から枝が伸びます。これらが補語です。補語があると盆栽は二段になりますが、最も自然な日本語は述語だけの一段です。

例えば焼いているのが「丈二」であることが文脈からもう分かっていても、英語では人称代名詞の「HE」に変えてやはり文に表れますが、日本語ではその必要はありません。「彼が」なんてむしろ言わない方が自然なのです。

さて、盆栽に対して、英語の方はクリスマスツリーです。**一番てっぺんに輝く星、**

これが主語です。とにかく主語がなければ動詞の形が決まらず、それでは文が作れません。ですから「焼いている」の行為者が誰か、を言うことがどうしても必要で、それが「主語」になります。それと何を焼いているのか、そちらも直接目的語として言わなくてはいけません。ですから比べているツリーは上下三段と日本語より二倍、三倍の高さになります。

しかも、もし主語や目的語が代名詞で置き換えられても、このクリスマスツリーは高いままで低くなりません。ここも大切なポイントです。

例えば「HE is baking IT」のように三段のままです。焼いている本人は「HE」に限らないで「I, YOU, THEY, SHE, WE」など何でもいいのですが、それを英語ではわざわざ言い分けなければいけません。

これに対して、動詞が主語によって変わるなどということのない日本語では、ちっとも不可欠なものではありません。さっき言いましたが、むしろ、**日本語では鉢（＝述語）だけの文が最も自然**で、わざわざ言いたいときだけ「丈二が」「家で」「パンを」などを必要に応じて枝を立てて言えばいいのです。

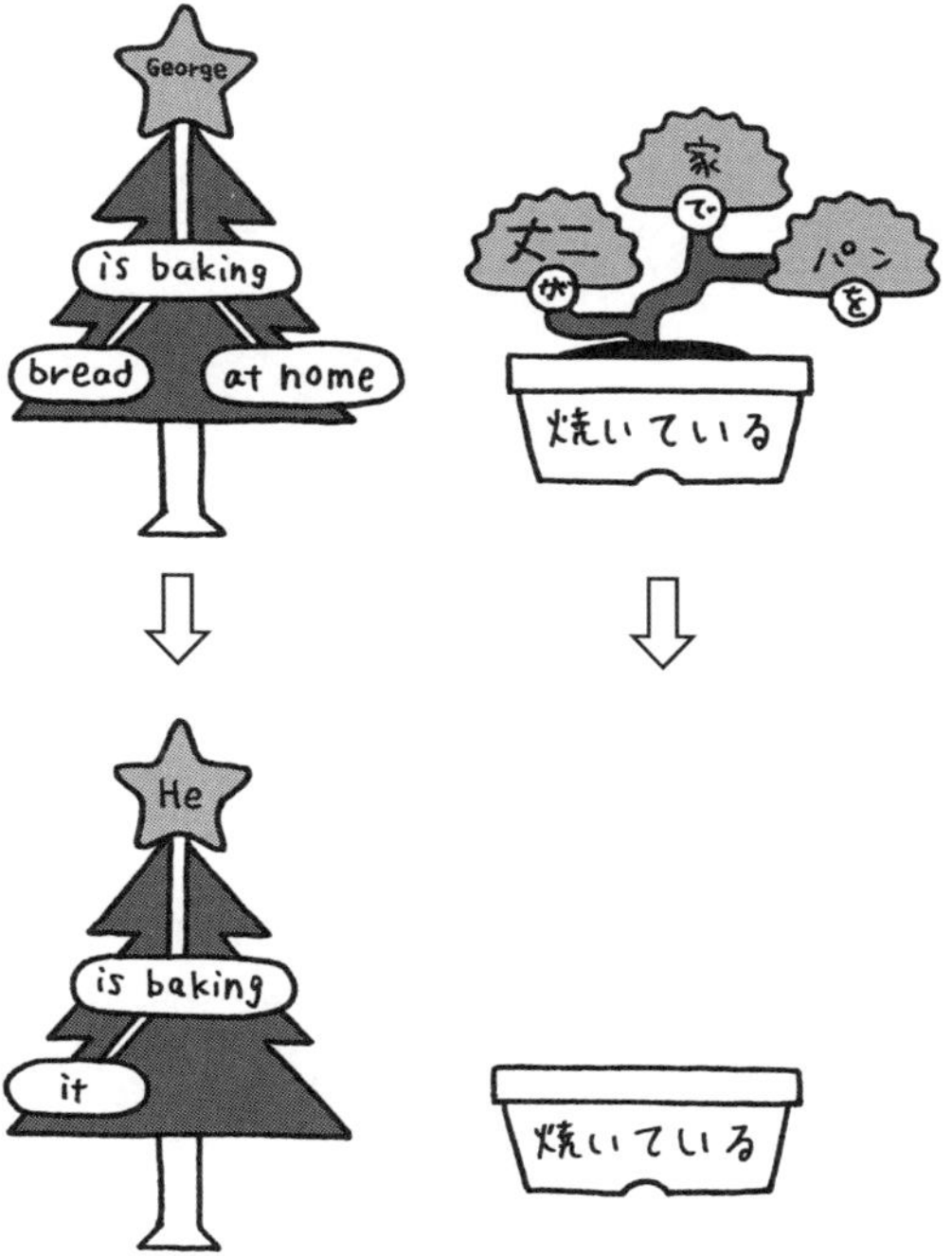

英語のツリーは3段のままだが、日本語は述語の1段だけで文になる

そして、ここがとても大切な部分ですが、それらを言わなくても、それは「省略」しているのではないのです。もともと**述語にそれらは含まれている**のです。

話し手と聞き手が何（誰）のことか、分かっていれば、補語は述語に含まれている、ということを私は教室で「日本語の文は風呂敷みたいなものです」と説明しました。「好きです」という風呂敷には、「あなた」や「わたし」という枝がもう含まれています。「焼いている」という風呂敷も、その枝である代名詞の「彼」や「それ」は含んでいるのです。ですから「He」や「it」にあたる「彼」や「それ」をわざわざ風呂敷から出して言わない方がいいのです。

間違いなく現代の最も優れた文法研究家だと私が思う三上章さんは、「日本語は述語だけで文になります。日本語文法から、主語という概念を抹殺しなくてはいけません」と主張しました。「抹殺」とは厳しい言葉ですが、「完全に消してなくしてしまう」意に、三上さんの学校文法に対する怒りがひしひしと伝わってくる言葉です。

自然な日本語を教えるための工夫

私の日本語教室では、テストなどのとき、自然な文を書いてもらうための工夫をしました。例えば代名詞の使用を先回りしてブロックしたのです。そのために使ったのは、何のことはない、カッコでした。それだけのことなのに、大変効果がありました。

例えば和訳させる問題では「Did (you) see Mary?」「Yes, (I) saw (her) / (I) did」などと、人称代名詞を、テスト用紙では前もってカッコに入れておくのです。それは、「これらは、日本語にしないでください」というメッセージだと伝えておきます。そうした方が学生はずっと自然な文を書くようになり、「悪文」が激減しました。

さて、こういう練習を積み重ねているうちに、大変うれしいことがおきました。他の大学の先生たちから「先生の学生はとても自然な日本語を話しますね」とよく言われるようになったのです。

そんな教え子を誇りに思いました。そんなときには喜んでこの教え方を「ご参考になればどうぞ」と、お伝えしたものです。

それだけではありません。私のクラスでの大きな、そして一番うれしかった変化は、教師である私が「あなた」と学生に呼ばれなくなったことです。

学生に全く悪気はないのですが、日本語にも英仏語のように人称代名詞があって「I=私」「You=あなた」などと教えていると、当然教師に対しても「あなたはいつカナダへ来ましたか」などと言ってくるのです。

そうなるのは無理もありません。「あなた」と呼ばれた教師は誰でも違和感を持つのですが、「まあいいか」と思ってしまうことが多いようです。

でもそれは教え方が悪いので、被害者はむしろそう習った学生の方です。日本語において人称代名詞は発達しなかったこと、その理由は、何よりも「基本文」の構造が違うからであると教えておけば「あなた」はやがて姿を消し、とても自然な日本語になります。

さて、いかがでしょうか。第一章や第二章で見た「日本語はあまり人を表さない」ということと、全く同じ日本語の特徴が基本文にも表れていることに気づかれたと思います。第三章で見た声や視線にしても実は同じです。

英語や中国語の母語話者は自己を強く打ち出す自己主張（いわゆる「自己チュー」ですね）が強いのに対して、日本人は、驚くほど自己主張をしません。大体声が大きいと態度も大きく、上から目線になるものです。日本人が一番嫌うのは、実はこの「上から目線」で物を言われることではないでしょうか。

日本語話者は、それよりも、周りと協調し、**「全体の中に自分を合わせていくこと」**を目指すことが多いのです。

「全体に溶け込む」ように努力するあまりに、聞き手を直視したり、大きな声で話すことを避けようとするのですね。

学校に転校生がやってきたときでも、その親が心配して担任の先生によく聞くのは

「ウチの子は、クラスに溶け込んでいますか」や「他の生徒から浮き上がっていませんか」などという質問です。

こうした日本人の性格は日本語が支えている、いやもっと言えば、実は話が逆で、こんな風にできている日本語を幼いときから話しているうちに、日本人は自己主張をしなくなるのだ、と私には思えます。これはニワトリが先か、卵が先かというようなものでしょうが。

学校ではまるで日本語は英語と同じような言葉だと教えられてきますから、基本文にも「主語」や「目的語」が本来はあるのだけれど、言葉を使う実際の場面ではそれらがよく省略される、と説明されてきました。

そろそろこうした西洋中心主義はやめて、日本語本来の姿を明らかにして「これでいいのだ」と主張するべき時代が来たと私は思います。

そうです、今こそ「天才バカボン」のパパに登場してもらわなければいけません。そして「日本語は、これでいいのだっ！」と叫んでほしいと思いますね。

馬鹿主語（Dummy subject）という英語の悲鳴

ところがこんな明らかなことをどうしても認めたがらない人が、国語教師や文法の専門家にも多いのだから困ります。それは日本の学校で習った、実は西洋語にしかあてはまらない「文は主語と述語からできている」ということが頭にこびりついてしまっているからです。

これはもうマインド・コントロールの世界ですね。失礼ながら私は「主語病」と呼んでいます。

お菓子を食べて思わず「おいしいですね！」と言っても、それは文としては完全ではない、と考えてしまうのが「主語病」です。

角田太作《つのだたさく》さんという勇気ある言語学者がいますが、角田先生も「英語は地球上の典型的、標準的な言葉ではない。（助動詞doの多用など）かなり英語は特殊だから、この言語を基準にしてはいけない」と主張しています(『世界の言語と日本語』くろしお出版、1991年)。

角田先生は、おまけにとても愉快な駄洒落《だじゃれ》を教えてくれました。何でも英語を基準に考えてしまうことを「英語セントリック」だと言うのです。Egocentric(自己中心的)の洒落ですが、「これは使える!」と私はとても気に入りました。

英語など西洋語の「主語がないと文にならない」という実に厳しいルールは、実は大変なもので、時にはマンガチックな状況を生み出します。英語話者自身をも苦しめているのです。

それは主語らしい言葉が見つからないときのことです。主語がないと文になりませんから、意味のない言葉を持ってくるのです。これが英文法で「仮主語」とか「非人称主語」とか言われるもので、例えば日本語なら「暑いね」で十分なところを「IT is hot」と「IT」をつけなければいけません。英文法では、この「意味のないIT」をこっそり「馬鹿主語（Dummy Subject）」と呼んでいるほどです。

「10時です」も「IT is 10 o'clock」と同様ですし、動詞文の「雨が降っている」でも、英語では動詞「to rain」に「雨が降る」ともう「雨」が含まれているので、主語の椅子に坐るはずの言葉がありません。そこでまたこの「おバカな主語」が代理に呼びつけられるのです。その文がご存知の「IT is raining」ですね。ジャーナリストの本多勝一さんなどは、この「意味のない主語」に出会う度に「英語の悲鳴」が聞こえると言っていますが、私も全く同感です。日本語は、こんなお馬鹿な主語状況から自由でいた方がいいのです。そうでないと日本語は一日に何百回、何千回と悲鳴を上げることになってしまって可哀想すぎます。

最後にもう一度はっきり言いましょう。人称代名詞（Iなど）や所有形容詞（MYなど）と呼ばれるものは、日本語に必要不可欠ではありません。日本語においては、人称「代名詞」はむしろ人称「名詞」というべきです。そして、英語のように義務的に使われないのは、基本文に主語や目的語がいらないからです。

それでは次の第五章で、その違いがどこから来ているのかを考えてみたいと思います。私はそれは「話し手の視点」、特に「立ち位置」が全く違うからではないかと思っています。

第五章

道の聞き方に秘められた理由

言語によって「視点」は違う

第一章「日常表現に秘められた理由」の後半で、日本人の話者は相手と向かい合って直視するのではなく、「共視」という言葉が使えるほど、聞き手と同じ方向を向こうとする傾向が強いとお話ししました。第三章では声と並んで視線の問題を取り上げて、聞き手を直視しては失礼だと思う日本人の気持ちは、声を落として話すことと並行していると指摘しました。日本語と英語が様々な点からこれほど違っている最大の理由は、どこにあるのでしょうか。

私はそれは「話し手の視点が違う」からだと思います。

この章では視「線」ではなく視「点」、つまりどの方向を見るかよりも話し手が自分をどこに置くか、どこに立って話しているのか、その「立ち位置」を考えます。

先に結論から言いましょう。**いろいろな言語表現を観察した結果、英語の話者は聞**

き手と同じ地平に立たないどころか、自分を含めた状況から身を引き離して上空から見下ろしているようになってしまったと私には思われて仕方ありません。昔はそうではなかったのに、時代とともにそう変わってきたのだと思います。

そのことに気づいたきっかけは、英語で話し手が聞き手に呼びかける言葉が、今では「YOU」一語しかなくなってしまったことです。

これは同じ西洋の言葉の中でも大変珍しいことで、英語以外の言葉では、聞き手である二人称代名詞を「親しい間柄」と「敬意をもって話す間柄」によって二つの代名詞で使い分けます。例えば、フランス語なら「TUとVOUS」、ドイツ語なら「DUとSIE」です。

ところが、英語だけは例外で友人に言う「どこに行く?」でも、お客様に言う「どちらに行かれますか?」でも使われるのは同じ「YOU」を使った「Where do YOU go?」を両方に使って何の問題もありません。他の言葉が自分と聞き手との上下関係によって呼びかけ方を使い分けるのに、英語だけが一方的に「話し手本位」、あるいは「自己中心的」なわけで、いわゆる「上から目線」だなぁと思ったものでした。そのことと「私・僕」の「I」が昔は文中では小文字の「i」だったのが、今では文のどこでも大文字の「I」で書かれるようになったことも、どこかで象徴的（シンボリック）に繋がっているように思えます（大文字が使われるのは、この世に一つしか存在しないものに対して、というのが英語のルールですね）。

日本語は「上から目線」の正反対です。

しっかと相手に目を見据えられると心理的に不安になる日本人が多いそうで、「人見知り」する子供や、いわゆる「対人恐怖症」に悩まされている大人がたくさんいます。そして、その多くが実は「視線恐怖症」であると、心理学者の友人が話してくれました。日本語のクラスでテレビのインタビュー番組を見せていたら司会とゲストがほとんど向き合わないで話していることに学生がとても驚いたものです。

そう言えば日本語でよく発達している言語表現に敬語がありますが、これは自分が立つ位置を低くして聞き手や話題の人物を「持ち上げる」ことを基本としています。

あえて違いを強調して、対照的に言えば、「上から目線」の英語に対して「上目がち」な日本語と言えるのではないでしょうか。

私はどこにいる？

視点の問題を考えるためにとても役立つ便利な例がありますので、ご紹介しましょう。それは、道に迷ったときに近くを通る人に道を尋ねる文です。日本語ならきっと「すみません。ここはどこですか」がよく使われる文でしょう。またしても、人間が一人も出てきませんね。ですからこれは本書のこれまでの章が確認してきた日本語の性格をよく表しています。

では英語はどうでしょうか。予想通り、こちらには人間、それも何と話し手が出てくるのです。

答えは「Where am I ?」。直訳すると「私はどこにいますか」です。

ちなみにフランス語の場合もよく似ていて、人が出てきますが、「私」よりもむしろ聞き手も含めた「私たちはどこにいますか」の意味の「Où somme—nous?」という文の方が普通です。

日本語で「すみません、私（たち）はどこにいますか」と言って道を尋ねる人がいたら、それは大変変わった人だと思います。「どこって？　何をバカなこと言ってんの。ここに決まってるだろっ」と思わずツッコミたくなりますよね。

「ここはどこ」事件

この本では私の思い出をあちこちに書いているのですが、道の尋ね方についても実は忘れられない思い出があるのです。

道を尋ねるときに、英語で「Where am I?」と言うことを本で読んで知ったのは北海道東部の北見市に近い山奥に住んでいた中学生のときでしたが、とても驚きました。第四章でお話しした「とのぶー事件」や「ジュテーム事件」と同じぐらいに大きなショックでしたから、「ここはどこ事件」と言ってもいいぐらいです。この「ここはどこ事件」は実は何年にもわたる長いお話で、舞台にかけると全部で四幕の長編ドラマになりそうです。

一幕目。「Where am I?」という文は、あまりに田舎の僻地《へきち》なので、小学校と中学校が一つになった厚和小・中学校で校長をしていた父親が買って来た当時のベストセラー本に書いてあったのです。『英語に強くなる本』（岩田一男、光文社カッパブックス　1961年）というタイトルでした。

そのショックがずっと記憶に残っていたのですが、ずっと後になって東京の大学に行ったとき、二幕目のショックが待っていました。ある公園の入り口で、看板にあった見取り図を見たときのことです。

赤い矢印の先に日本語では「現在地」でした。ところが英語では「You are here」と書いてあるではありませんか。

そのとき、私は「あっ、これがあの『Where am I?』の答えなんだ！」と思って、妙に納得してしまいました。英語では「私はここ？」と尋ね、それだからこそ答えは「あなたはここ」とやはり人を登場させてるわけなのですね。一方、日本語の「ここはどこ？」にも、その答えの「ここは○○です」にも人間は一人も出てきませんよね。

中学校と大学で二度のショックを受けたこの「ここはどこ事件」にはさらに三幕目がありました。カナダに留学中の私が、ある仲のいい日本人通訳仲間に、高校の卒業写真を見せていたときのことです。

卒業生350人がグラウンドに集合してカメラマンに手を振っている写真が1970年の卒業アルバムの一番最後に出て来ます。その懐かしい写真を友人と見ながら、私が使った文に私自身が驚いてしまったのです。その文は何だったと思いますか。

何と「僕はどこにいる?」だったのです。

つまり、350人いる写真の中から、当時18歳の僕を見つけられるかな、と言いたかったのです。すると、それを尋ねる文は意識しないで「僕はどこにいる?」となっていました。これって、まさしく英語の「Where am I?」と同じ文じゃありませんか。

その瞬間です。私はあることに気づきました。

ちょうどそのときのように、写真を手にして**状況から身を引き離して見下ろした場合**なら、たとえ、日本語においても英語のような発想の文が出てくるということです。

もちろん、「ここはどこですか?」と同じ意味ではないのですが、それに当たる英語の「Where am I?」を直訳した文が、日本語だって使える場面だったのです。この文を言うには、日本語でも、話者（つまり私）に、写真の中の私が見える状況だということに気がついたのです。

そして最後の第四幕です。卒業アルバムを見るということがきっかけになった「視点の違い」に関する発見がその後、確信に変わったのは、今から20年ほど前のことです。およそ30年もかかった長い長い舞台がようやく幕を下ろしたのです。

そのとき私は、自宅でNHK教育テレビ「シリーズ日本語」という特集番組のビデオを見ていました。この日の出来事は、これまでに出版された私の本で既に紹介したことがありますので、繰り返しで大変申し訳ないのですが、極めて大切なことですから、再び本書でも取り上げることをお許しください。

『雪国』の冒頭の文は、「誰が」言っているのか

そのテレビ番組では講師で言語学者の池上嘉彦《よしひこ》先生が、川端康成の有名な作品『雪国』冒頭の「国境の長いトンネルを抜けると、雪国であった」という文を取り上げて

解説していました。池上先生は日本の大学時代に私の恩師だったこともあって、この番組を興味しんしんで見ていたのです。

翻訳家として川端作品の多くを手掛けているE・サイデンステッカー氏が、この文を「The train came out of the long tunnel into the snow country」と訳していることを池上先生はまず指摘されました。

さて、ここの問題は、果たしてこれら二つの文が同じことを言っているかどうかです。もし違うとすれば何がどう違い、さらにその理由は何か、を明らかにしようとする試みでした。私は興奮してテレビの画面を食い入るように見ていました。

「国境の長いトンネルを抜けると、雪国であった」という日本語の文を読んで読者の頭に浮かぶ情景は何でしょうか。主人公が汽車に乗っていることは間違いありません。そして読者もまた、その作者の行動を同じ目の高さで追体験していますよね。

たとえばこんな風に、主人公は考えているのです。

「今、列車はトンネルの暗闇の中を走っているが、私はその車内に坐っている。おやおや、だんだん窓の外が明るくなってきたぞ。やっと長いトンネルを抜けるみたいだな。そーら、外に出たぞ。うわー、山のこちら側は真っ白の銀世界じゃないか。雪国なんだ」

このように、時間の推移とともに場面が刻々変化していくのが、この文章を読んで読者が感じることです。大切なのは、主人公が**汽車の中**にいて、読者の視線も主人公の視線と重なり合い、溶け合っているということです。これはつまり、「おはようございます」や「寒いね」と同じ「共視」なのです。

これに対して英文の翻訳、「The train came out of the long tunnel into the snow country」の方はどうでしょうか。それを明らかにするために、この番組で池上先生は実に面白い実験をしていました。数人の英語話者をスタジオに招いて、この英文から思い浮かぶ情景を絵に描かせていたのです。「何ともよく考え抜かれた実験だなぁ」と私は唸《うな》って画面を見つめていました。

果たして、どんな結果が出たと皆さんは思いますか。驚くなかれ、汽車の中からの情景を描いた英語話者はたったの一人もいなかったのです。

全員が**上方から見下ろしたアングル**でトンネルを描いていました。とは言っても、プロの画家でもないと冬山は描きにくく、絵の上手下手には差がありましたが、「話者の視点が上空」という点では見事に全員一致していたのです。

明らかにこの英訳の方では、主人公の視点は汽車の外にありました。トンネルからは列車の頭が顔を出していて、トンネルの外には山があり、何人かは山に雪を降らせています。

これはつまり、原文と訳文では全く違った意味になってしまったということです。原文と英語の訳文を両方読んで受けるイメージは別物と言わざるを得ません。そして、何よりも、この実験が見事に成功しているのは、絵を描かせることによって、その違いの理由が「視点」であることを明らかにできたことです。

それでは、さらに進んで、日本語の原作では**汽車の中**にあった視点が、英訳では汽**車の外、それも上方**へと移動している理由を考えなくてはいけません。その理由を探るのもこの番組の目的でした。

講師の池上先生が出した結論はこうです。英語が視点を状況の外に持つのは、英語に「主語」が不可欠だからです。

よく原文と訳文を比べてみてください。原文の日本語には、主語らしき言葉が見当たりません。

そうすると翻訳者は困ります。このままでは英訳できないからです。英訳に原文にはなかった単語が表れていることを講師の池上氏はちゃんと指摘していました。言うまでもなく、それが「汽車（The train）」という名詞です。

それだけではありません。

翻訳の英文には時間も失われてしまいました。日本語の方は、時間の推移を含んだ

「コト」（出来事）を表していますが、英語では汽車という「モノ」をわざわざ持ってきて、そのモノ（＝汽車）がトンネルから出たところをパチリと写真でとったような表現にすりかえてしまったのです。

日本語の原文は写真でなくて、ビデオです。

動画だったのに時間の流れのない一枚の写真に変わってしまいました。日本語の原文と比べて、訳文では文字通り「失速」しています。

はっきり言ってこの翻訳は、少なくともこの文に関しては失敗で、川端康成の時間と空間を立体的に表現していた原文の方が

『雪国』の冒頭の文に見る視点の違い（左が日本語原文、右が英訳）

ずっといいと思います。

Ｉは空からでないと見えない

また私は、この番組を見てから、主語の恐ろしさを知りました。状況から身を引き離す道具として主語があります。**つまり話し手は自分さえも上空から見ているの**です。

そうすると、例えばこの章の始めでみたように、道に迷ったときの尋ね方が、卒業写真を見ていた私がそう言ったように「わたしはどこにいるの：Where am I?」となるのはごく自然なことですし、汽車が主語になったとたんに、その汽車が上空から私に見えてくるわけです。主語の怖さについては最後の第八章「だから、日本語が世界を平和にする！」でお話しすることにしたいと思います。

日本語の文にほとんど「わたし」が表れないのも、やはりその理由は話し手の「視点」、あるいは「立ち位置」です。

上空からではなくて地上の、自分に見えている状況の中に「わたし」はいます。**すると、「わたし」は話し手に見えなくなります。**写真にカメラマンの姿が写らないのと同じことですね。

そう考えたら、文の中から「わたし」が姿を消すのはむしろ当然と言わねばなりません。道に迷った日本人が「私はどこにいるの？」ではなくて「ここはどこですか？」と言うのも、自分（＝わたし）が見えないから、という説明が一番いいのではないでしょうか。

もう一つ面白いエピソードがあります。

19世紀のフランスにギー・ド・モーパッサン（１８５０―１８９３）という大変重要な小説家がいました。作品としては『女の一生』（１８８３年）が有名です。さて、この小説家はパリの万国博覧会（１８８９年）のときに建設されたエッフェル塔が大嫌いで、何とか塔を見ないで暮らしたい、それでもパリの街は好きなのでそこを離れたくない、と思っていたそうです。エッフェル塔は、自分のこよなく愛するロマンチックなパリにまるでふさわしくない、実に醜《みにく》くて俗悪なものだと思っていたのですね。

問題は、この塔がとても高くそびえているので、パリ市内ならどこへ行っても目に入ってしまうことでした。モーパッサンは塔が目に入るたびに呪いの言葉を吐いていたそうです。そしてある日、とうとう名案を思い付きました。パリで1か所だけエッフェル塔が見えない場所があったのです。

やっとそのことを思いついたモーパッサンが行った場所とは……？

ここまでお読みになった皆さんなら答え

はすぐお分かりでしょう。

そうです。

それはエッフェル塔の中のカフェだったのです。**塔の中に入ってしまえば塔は視界に入りません。**この話は、状況の中に身を置く日本語の話者に自分の姿が消えて見えなくなることと、実によく似ていないでしょうか。

第六章ではこれまで考えてきたことを「日本語の特徴」として10項目にまとめたいと思います。

第六章

日本語の十大特徴

日本語は難しくなかった！

日本語は世界的に見てとても難しい言葉だ、と信じている人は外国人だけではありません。日本人自身、そう思っている人が多いという印象を私は持っています。

金髪で青い眼をした白人の若者が英語訛《なま》りの強い、英語の単語のようにどこかに強いアクセントをおいて「こんにち～は」とか「ありが～とう」と言っただけで日本人は驚いて「日本語、お上手ですねぇ」と手放しでほめてしまうのはきっとそのためでしょう。私の学生たちがまだ初級なのに何度もこういう反応をされて、余計に恥ずかしかったと正直に打ち明けていました。

ところが、これを聞いてがっかりしないでほしいのですが、**実は他の言語と比べても、日本語はそれほど難しい言葉ではありません。**

私は2012年に退職するまでカナダとアメリカの大学で25年ほど日本語を教えま

したが、2、3年勉強した学生に何度となく日本語の印象を聞いたものです。すると、ほとんどの学生が「前に思っていたより、ずっとやさしいですね」と答えました。

　それで次に、もっと詳しく、日本語のどこがやさしくてどこが難しいのかを尋ねましたら、答えは予想した通りでした。「日本語は読み書きが難しいですが、話すのは意外に簡単です」と口を揃えて言うのです。ほぼ全員、同じ答えでした。

「日本人は難しい言葉を話している」と誇りに思っていた人もいるかもしれませんが、どうかがっかりしないでください。それだけ世界の人に親しんでもらえる素敵な言葉なのです。こうしたことは、他の言語との比較で初めて見えてくることでもあります。

　そこで、この第六章では、これまで書いてきたことをまとめながら、簡単で美しい「日本語の特徴」を10点挙げることにしましょう。日本に身近な英仏語など主要な西洋の言葉と比較した上での日本語の姿を浮き彫りにしたいと思います。

　日本の学校の「国語」の授業では教えてくれないことがたくさん出てきますので、

驚かれるかも知れません。気をつけながら読んでください。

日本語の特徴（その1）：文法が簡単

日本語は文法が西洋語と比べてとてもシンプルです。

まず名詞ですが、英語以外の西洋語に多い性別（男性名詞、女性名詞、時には中性名詞）がなく、また英仏語にある冠詞（定冠詞、不定冠詞）もありません。

さらに驚くべき違いは動詞です。日本語の動詞は英仏語のように主語によって形が変わりません。例えば英語ではbe動詞が（I am, You are, He is……）などと人称変化します。フランス語ですと人称変化はbe動詞（に当たるEtre）だけでなく、一般動詞でも英語と比較にならないほど広く活用します。

ですから母語がフランス語の学習者たちに「日本語には人称変化がないんだよ」と教えると心から驚きます。「やった！　日本語って簡単じゃん！」と目を輝かせることは言うまでもありません。

逆に日本人がフランス語を学習する場合に、何よりも頭を抱えるのがこの動詞変化です。第四章でも述べたように、主語の人称によって実に6種類もの「食べます」があり、JE mange, TU manges, IL/ELLE mange, NOUS mangeons, VOUS mangez, ILS/ELLES mangentと言い分けなければいけません。日本語ならたった一つの「食べます」ですから、どちらが簡単かは明らかです。

ちなみに、このことが日本語で「主語が省略される」という考えの間違いを明らかにする便利な例なんですね。日本語の「食べます」はフランス語が主語によって区別する六つの文を全部、盆栽の鉢の中に含んでいるのですから。

日本語の特徴（その2）：発音が簡単

日本語教室の学生が喜ぶのは、文法のシンプルさだけではありません。日本語の音（一つひとつの音は「音素」、体系としては「音韻」と言います）がこれまた英語や仏語とは段違いに簡単なのです。

もちろん、この点もまた大喜びされます。音素には母音《ぼいん》と子音《しいん》がありますが、世界の何千という言葉の中で日本語は音素の数が最も少ない言語の一つだということを皆さんは知っていましたか。

ここで皆さん、小学校の教室によく貼ってあった50音表をぜひ思い出してみてください。

タテ列の右端が母音ですね。上から「あ・い・う・え・お」の5つ。ヨコの列から子音が分かります。日本人なら誰でも「あ・か・さ・た・な・は・ま・や・ら・わ」とすぐに言えますが、これらから母音の「A」を取った「K・S・T・N・H・M・Y・R・W」が子音です。これらに濁音《だくおん》と半濁音である「G・Z・D・B・P」を加えると、14（あるいはYとWを半母音とみなすと子音が12、半母音が2でやはり合計は14です）。これに母音の5を足しても19しかありません。「きゃ・きゅ・きょ」など拗《よう》音《おん》、「ん」である撥音《はつおん》、実は発音していない促音《そくおん》（「さっぽろ」などの「っ」）などは特殊音韻と呼ばれますが、それらを加えても、日本語の音素はせいぜい22しかないと

日本語の50音表

ん N	わ WA	ら RA	や YA	ま MA	は HA	な NA	た TA	さ SA	か KA	あ A
		り RI		み MI	ひ HI	に NI	ち TI	し SI	き KI	い I
		る RU	ゆ YU	む MU	ふ HU	ぬ NU	つ TU	す SU	く KU	う U
		れ RE		め ME	へ HE	ね NE	て TE	せ SE	け KE	え E
	を WO	ろ RO	よ YO	も MO	ほ HO	の NO	と TO	そ SO	こ KO	お O

濁音・半濁音・拗音の表

きゃ KYA	ぱ PA	ば BA	だ DA	ざ ZA	が GA
	ぴ PI	び BI	ぢ DI	じ ZI	ぎ GI
きゅ KYU	ぷ PU	ぶ BU	づ DU	ず ZU	ぐ GU
	ぺ PE	べ BE	で DE	ぜ ZE	げ GE
きょ KYO	ぽ PO	ぼ BO	ど DO	ぞ ZO	ご GO

いうことになります。

これに対して英仏語はどうでしょうか。はるかに日本語より多いのです。フランス語は36、英語はさらに多くて45もあるのですから。

学習者は「うっそー、信じられない！　日本語ってそんなにやさしいんですか！」とか「文法も発音も楽勝だーい！」などとうれしがります。思わずガッツポーズを決める学生もいますね。その気持ちもよく分かります。

フランス語の文法はかなり複雑で、学生にも文法上の初歩的なミスが多く、日本語の教師なのにフランス語を直してあげることもしばしばでした。「自分の言葉なのにこんなに間違うんだから、フランス語は大変なんだなぁ。それに対して日本語は何て簡単で楽ちんなんだろう」と思いながら。

ボンジュールを言うだけでひと苦労

これは余談ですが、フランス語には「ボンジュール」のように簡単な（simple

comme Bonjour)」という慣用表現（イディオム）がありますが、実に皮肉なことに、日常よく使われるこのボンジュール（＝こんにちは！）という挨拶は、日本人にはとりわけ発音が難しいものです。

それもそのはず、この短い単語の中に、日本語にはない音が何と四つも含まれています。では順を追って説明しましょうか。

まず、最初の「ボン」。これは鼻母音と呼ばれるものの一つです。つまり息が口と同時に鼻からも抜ける音で、日本語にはそんな音はありません。「盆踊り」の「盆」と発音してはいけないのです。次に来る子音の「J」、これも慣れないと日本人には難しく、日本語の「じ」のように発音してはいけません。舌先が口の上にも下にも、そして歯にも触れないという日本人には大変「不自然な」状況で発音されるものです。

でも、やれやれこれで終りかな、と思うのはまだまだ早いんですよ。これでやっとボンジュールの半分、まだ難関が二つも残っています。子音の「J」に続く母音の「ウ」、これは唇を前に突き出して言う「深いウ」なんです。日本語「アイウエオ」のような

「浅いウ」とは別物です。30年以上カナダのフランス語圏に住んでいるのに、いまだに私が直されるのがこの「深いウ」で、例えば「尻尾」の「クー（queue)」は浅いウ、「首」のクー（cou）は深いウなのですが、私はいまだによく間違えて、「首が痛い」と言ったつもりで「尻尾が痛い」と言ってしまっては笑われてしまうのです。

そして最後のとどめが「深いウ」の後の子音「R」です。フランス語がフランス語らしく聞こえる最も特徴的な音なのに、学習する日本人にとって最も難しい子音こそがこの「R」なのです。この子音は、日本語の「ラリルレロ」の「R」でも、英語の「Rice」の語頭の「R」でもありません。

日本人にとってこの子音をマスターする一番良い練習は「うがい」をすることです。うがいをして舌の付け根と喉の奥を震わせる音が、確かにこの「R」に似ています。こういう難関4か所の連続で発音される「ボンジュール」ですから、日本人ならそれを皮肉って「ボンジュールのように簡単な」ではなく「ボンジュールのように難しい（difficile comme Bonjour)」と言いたくなるほどです。

これとは全く反対に英語や仏語を母語にする人たちがなんの問題もなく「おはよう」

四声の発音

	第１声	第２声	第３声	第４声
例	妈《マー》（母）	麻《マー》（麻）	马《マー》（馬）	骂《マー》（叱る）
構造図	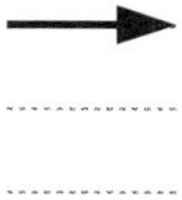			
発音の仕方	高く平らに伸ばす	一気に上昇させる	低く抑える	一気に下降させる

や「こんにちは」とすぐ言えるようになって日本人にほめられる理由は、日本語の発音があまりに簡単だからです。

北米やヨーロッパの人たちの多くは、中国と日本をよく混同して、「昔、横浜に行ったけど、中国は良い国だね」なんてこっちが腰を抜かすようなことをよく平気で言います。

ですから中国語と日本語も同じような言語ではないかと思っている人がたくさんいます。

中国語には、耳にするとすぐ気がつく、四声《しせい》（音声ごとの高低トーン、声調とも言います）がありますよね。ですから日本語にも四声があるんじゃないかとぼんやり思っている人が多いのです。

それをこわごわ尋ねてきた学習者に「いいえ、日本語には四声はありませんよ」と教えるとこれでまた三度目の大喜びです。「橋」と「箸《はし》」が違うように、日本語には高低アクセントがありますが、日本国内でさえ関西と関東ではアベコベなので、外国の日本語教室では普通そこまでは教えません。ですから、日本語は音韻も、アクセントも大変シンプルな言語なのです。

日本語の特徴（その3）：基本文はたったの三つ

英語の基本文を覚えていますか。全部で五つです。基本五文型と呼ばれて英語のクラスでは必ず習う基本中の基本ですから皆さんもよく知っているでしょう。日本語の基本文と一緒に、次ページに書きますね（Sは「主語（Subject）」、Vは「動詞（Verb）」、Oは「目的語（Object）」、そしてCは「補語（Complement）」のことです）。

英語の基本文

(1)S―V

It rains.（雨が降ります）

(2) S―V―C

Taro is a student.（太郎は学生です）

(3)S―V―O

Hanako likes cats.（花子は猫が好きです）

(4)S―V―O―O

John gave Mary flowers.（ジョンがメアリーに花をあげた）

(5)S―V―O―C

Hanako made her son a doctor.（花子は息子を医者にした）

日本語の基本文

(1)　(動詞文)　よく笑う。

(2)　(形容詞文)　可愛い。

(3)　(名詞文)　赤ちゃんだ。

ご覧のように、英語の五つに対して、日本語の基本文は三つしかありません。英語のおよそ半分で、しかも全部実に簡単です。

基本文とは、別な言い方をすると、**それだけで過去や否定に変化できること**が条件です。日本語なら（1）から（3）まで何の問題もなく「よく笑った」「可愛かった」「赤ちゃんだった」とできますよね。否定文だってそうです。

これに対して、英語の方は例えば（2）を考えますと、形容詞ではなくてその前のbe動詞の方を過去や否定に変えなくてはいけませんし、be活用が主語によって活用するので、やはり主語（S）まで入れなくては基本文になれないのです。

なお、日本語では「です・ます体」と言われる丁寧な話し方にすると、（1）から（3）がそれぞれ「よく笑います」「可愛いです」「赤ちゃんです」となりますが、これは会話のレベルの違いで、このレベルでも基本文の種類が三つであることは変わりません。

それから、ここがとても大切なところで、英語でも同じですが、基本文とは目に見え、耳に聞こえる「文の形」のことを言います。「文の意味」で考えたものではありません。たとえ意味が形容詞的な文でも、文の形が（3）の名詞文なら、それは形容詞文ではなくて名詞文とみなすべきです。

例えば、（2）「可愛い」によく意味の似た「キュートだ」という文を考えてみましょう。これは（3）「赤ちゃんだ」と同じ名詞文なのです。文を否定形や過去形に変えてみるとその理由が分かります。

「キュートだ」は過去形や否定形で「キュートじゃない」「キュートだった」「キュートじゃなかった」と変化しますが、これは「赤ちゃんだ」が「赤ちゃんじゃない」「赤ちゃんじゃなかった」と同じ変わり方ですよね。ですから意味はどうあれ、文型としては名詞文なのです。

さて、これに対して「可愛い」の方はどうでしょう。ほら、「可愛くない」「可愛かった」「可愛くなかった」と、名詞文のとは全く違う変化をしますよね。これが（3）名詞文と（2）形容詞文を文型として区別する理由なのです。

ちなみに、「キュートだ」と「赤ちゃんだ」は二つとも名詞文ですが、「キュート」と「赤ちゃん」にはたった一つだけ違う点があります。

それは名詞の前に使われるときの形で、例えば「服」の前で「キュート」には「な」が付いて「キュートな服」ですが、「赤ちゃん」なら「赤ちゃんな服」は間違いで、「赤ちゃんの服」となりますよね。でも違いはこの点だけですし、「な（na）」と「の（no）」も子音（N）は同じで母音の違いだけ（a－o）なので、基本文としては「キュートだ」は名詞文とした方がずっといいのです。

さて、どうして日本語の基本文はこんなに種類が少ないのでしょう。英語では、例文でも分かるように五つの基本文全部に「S（主語）」があり、また（3）（4）（5）のように「O（目的語）」が出てくるときは、それが必ず基本文の一部となります。これに対して、日本語の基本文は述語だけで十分、ちゃんとした文になれるのです。

つまり日本語では主語も目的語も「言いたいときだけ言えばいい」ものですが、英語の方はそれらを「必ず言わなくてはいけない」ので種類が増えてしまうわけです。学校文法の一番大きな間違いはここです。日本語に主語はいりません。

日本語の特徴（その４）：日本語に主語はいらない

これまでにも何度か言いましたが、日本の学校では明治維新以来１５０年も、日本語が日本語として正しく教えられていません。大学の先生も文科省のお役人も、こうした事実をずっと見て見ない振りをしてきました。本当に情けないことです。

学校文法では日本語の基本文をこんな風に教わります。次に引用するのは何と小学2年生の「こくご」の教科書です。

下の文の中で「ひよこが」「ぼくは」のように、「何が」「何は」に当たることばを主語といいます。また、「生まれる」「かわいい」「ひよこだ」のように、「どうする」「どんなだ」「なんだ」に当たることばを「じゅつ語」といいます。

主語	じゅつ語	例文
何は、何が	どうする	ひよこが、生まれる。
何は、何が	どんなだ	ひよこは　かわいい。
何は、何が	なんだ	ぼくは　ひよこだ。

さきほど「日本語の特徴（その3）：基本文は三つ」で挙げた例文（139ページ）にとてもよく似ていますね。ぜひ比べてみてください。

違いは「ひよこが」と「ぼくは」がこちらには「主語」としてついていることです。学校文法の「じゅつ語」である「生まれる」「かわいい」「ひよこだ」がそれぞれこの本で「動詞文」「形容詞文」「名詞文」としたものに当たります。

日本語では述語だけでちゃんとした基本文なのに、国語の教科書はそう説明しないでこの教科書のように、「何が、何は」をわざわざ加えているのです。ここが学校文法の一番大きな間違いで、「日本語の文にも英語やフランス語のように主語があるはずだ」とか「主語がないと恥ずかしい」という見当外れで時代遅れの考えによるものです。

日本語における「主語の問題」を考えるときに、一番便利なのは、逆の発想をすることです。それはまさに私がカナダの学生から教えられたやり方でした。逆とは「どうして英語やフランス語には主語がないと文にならないのか」を考えることです。すると、その答えは「日本語の特徴（その1）：文法が簡単」でお話しした「西洋語の動詞は主語によって活用するが、日本語の動詞は活用しない」であることが明らかになります。「Are YOU Japanese?　——Yes, I am.」「Avez-VOUS mangé?——Oui, J'ai mangé.」というように主語を言って初めて会話になりますが、これにあたる日本語はこの順に「日本人ですか？——はい、そうです」「もう食べましたか——はい、食べました」だけでよく、それどころか、「わたし・あなた」を**言わない方がずっと自然でいい文**なのです。

「ないと困る」かどうかを考える

基本文とは文として成立する最も簡単な文、つまり最小文（ミニマル・センテンス）と言ってもいいでしょう。とりわけ、英仏語の主語は「ないと困る」ので基本文の一部なのです。

ちなみに、西洋語の多くは、「人称」だけではありません。何と、単語の「単数・複数」まで区別するようになってしまいました。その結果、日本語なら「りんごを食べました」で十分なところを、食べたりんごが1個でなくて2個以上なら、名詞の後に「S」を付けて区別します。これと同じ単数・複数の区別が「IとWE」なんですね。

さて、またまたこの点で、私には忘れられない思い出があります。人を呼び止めるときとか、混んだバスから降りるために人を掻《か》き分けて進むときなどの「すみません」の英語は「エクスキューズ・ミー（Excuse ME）」でいいんだろうと、私は日本で長年信じ切っていました。きっと皆さんもそうじゃないでしょうか。ところが、ある日、手を繋いで歩いていたカップルから道を聞かれたときは違っていました。

何と「エクスキューズ・アス（Excuse US）」と言われたのです。皆さん、英語や仏語はこうやっては日本語がしなくていい区別をいつも頭の中でしているのです。相当にシンドイ言葉だなあ、可哀想な人たちだなぁ、と同情してしまいます。

そう言えば70年代に大人気だった「ピンク・レディー」がアメリカに行って、「ピンク・レディーズ」と複数で紹介されて、本人たちが一番びっくりしたという話がありましたね。

でもね、皆さん。これぐらいで驚いてはいけません。フランス語話者はさらに可哀想なんですから。

「友達に会いました」だけでちゃんとした日本語なのに、フランス語ではその友達が一人か二人以上かだけでなく、何と男性か女性かまで言い分けるのです。もしかしたら言葉が夫婦の間で浮気防止に役立っているのかも知れませんね（笑）。うるさく勘ぐられないように奥さんに「J'ai vu un ami」と言った旦那さんが後日、その奥さんに「une amie って言わなかったじゃないの！　また嘘ついて！」と怒られるというのがフランスやケベックの怖いところです。別に心当たりがあるわけじゃありませんが……。

しかし、ここがとても大切なのですが、日本語が「りんご」の単数複数や「友達」の男女を区別しないからと言って、それは「省略」しているのではありません。日本語は「これでいい！」のです。

はじめから「言い分ける必要がない」のなら、それは決して省略なんかではありません。これを同じように、誰が「食べた」のかを日本語でわざわざ言わなくてもいいのは、省略ではないのです。英語の「I ate, YOU ate, He ate, SHE ate, WE ate, THEY ate」の六つの文を日本語は「食べました」たった一つでカバーしているのです。

動詞文というゆったりした風呂敷の中に、人称はぜーんぶ含まれていると考えましょう。わざわざ言い分けるのは日本語では「野暮」で「悪文」となるのです。

英語にも主語はなかった

私は前に『英語にも主語はなかった』という本を書いたことがあります（講談社選書メチエ、２００３年）。その中でも詳しく書きましたが、英語や仏語にだって、もともとは「主語」などありませんでした。

英語に主語が必要になったのは日本ならやっと江戸時代、あのシェークスピア（１５６４―１６１６）の時代なのです。シェークスピアの亡くなった後の英語は近代英語と呼ばれますが、近代英語になって初めて、いちいち主語をつけるようになりました。

でもそれは、近代社会になって個人主義が発展した西洋諸国の「お家の事情」で、そんな都合に何で日本語が付き合わなきゃいけないんでしょうか。そんな必要は全くありません。

日本語が世界でも珍しいぐらい難しい言葉だ、と思っている人がいたらそれはきっと日本人でしょうね。習いだした学習者は「思ったより簡単だ」と思っているのですから。

日本語は難しいと信じている日本人は、実は学校でだまされて、そのまま誤解しているのです。だました理由は何か、と言うと、それは「難しく見えた方が日本語は立派に見える」と考えた、明治時代の西洋に対する劣等感です。

当時は「遅れたアジアを去って、進んだヨーロッパの仲間入りをするのだ」というスローガンが叫ばれていました。それを「脱亜入欧」と言ったのです。今どき、こんな時代遅れの劣等感を、私たちは思い切って捨ててしまいませんか。

日本語の特徴(その5):動詞文は動詞で終わる

先に見たように日本語の動詞文はいろいろな要素を既に含んでいる風呂敷のような述語だけなのですが、話者がある要素をわざわざ文の中に出して言う必要を感じた場合、それらは補語となって述語の前に置かれるので、盆栽のような形になります。「補語」というのは、「必要なときだけ言えばいい単語」という意味です。

その場合には、述語の風呂敷は盆栽の根が入った鉢のような形になります。基本文の一つである動詞文を例にとれば、一番重要な単語であるのは動詞で、これが最後に来て文は終わるのです。

今ここで「八月に友人と京都まで新幹線で行きました」という文を考えてみましょう。この文の中に出てくる「八月に・友人と・京都まで・新幹線で」は全部「補語」、つまり文脈で分かっていれば、言わなくても、いえ、言わない方がいい言葉です。日常生活では「八月にさ、京都に行ったよ」「へえ、誰と?」「花ちゃんさ」「車で行ったの?」「ううん、新幹線だよ」みたいなやり取りになることが多いのですが、書き言葉ではこれぐらいの補語がぞろぞろ述語の前に置かれても大丈夫でしょう。「八月に友人と京都まで新幹線で行きました」という文の、補語四つの順番はどうでもいいのですが、最後は動詞が来なくてはいけません。ここは英語などと大きく違う点で、英語の動詞文は主語に続いて、他の言葉は動詞のあとにぞろぞろ並びます。

なお、「八月に友人と京都まで新幹線で行きました」には「誰が行ったのか」が入っていませんが、文脈から、おそらく「話し手」なのだろうと見当がつけばそれで十分です。

さて、「八月に友人と京都まで新幹線で行きました」に当たる英文を考えてみると、語順が全然違います。まず、話し手を表す「I」がまるで「お山の大将」のように「ただ一人」動詞の前に姿を見せなくてはいけません。その後に動詞の「went」が続いて、それから後は「八月に・友人と・京都まで・新幹線で」に当たる言葉が、金魚のフンのように、ぞろぞろとくっついた文となります。

西洋語の動詞文では語順がほとんどこのタイプですので、外国語として日本語を教えるときには「動詞文は動詞が最後だよ」としっかり教えることが大切です。一番エラいのは動詞ですから、横綱と同じで、土俵に上がるのは一番最後なのです。

日本語では文脈があれば「行った」だけでちゃんとした文なのに、英語では「行ったのは誰か」をまず考えます。それが「主語」となってようやく動詞が活用でき、めでたく文となれるのです。そして、さらにシンドイことに、それが誰かが分かっていても代名詞を使って繰り返す必要がありますから、英語の基本五文型は全て「S：主語」が入るわけです。

こうした「人に関するこだわり、しつこさ」がこの本の前半でお話しした「もうカンベンしてよ。また人間なの」という強い印象を私に与えたのでした。

八月の蒸し暑い日に、ごてごての燕尾服や晩年の激太りしたプレスリーみたいに、ジャンプスーツを着ているような言い方は、普通の日本人なら決してしませんよね。洗いざらしの浴衣に風を受けて散歩しているような風情が粋な日本語なのです。改まって「好きだよ」と言われた聞き手だって相手の気持ちを察して、「えっ、誰が？」などと聞くことはしないでしょう。それはまた「相手の気持ちを察する」とか「空気を読む」ということでもあります。日本語って何てクールなんだろう。「Ｚｅｎ」そのものだ、と学生が唸るのはこういう文を見るからですので、期待に応えて、たくさん美しい文を使ってあげましょう。

日本人は、少しも慌てないで「そこまで言っちゃおしまいよ。考えたら分かるだろ」と口笛を吹いていればいいのです。俳聖、つまり俳句の聖人と言われた江戸時代の芭《ば》蕉《しょう》が残した名言に「言い仰せて何かある」（＝全部言ってしまったら何も残らない）があります。それこそが日本語の美しさですし、文法的にも「それでいいのだ」ということは基本文に示されています。

日本語の特徴（その6）：形容詞はそれだけで文

学校ではっきり教えてくれないために日本人さえよく知らない日本語の秘密は、まだ他にもあります。日本語の形容詞もその一つで、英語と日本語の形容詞はまるで特徴が違います。

英語の形容詞はただの単語です。一方、日本語の形容詞は単語であるだけでなく、それだけで文なのです。

これって、すごいことなんです。

先に「日本語の特徴（その3）：基本文はたったの三つ」でも見たように、基本文（2）の例文は「可愛い」でした。英語の「pretty」や「cute」に似ていますが、両者にはとても大きな違いがあります。「pretty」や「cute」は文ではないので、日本語の「可愛い」などのように、「可愛くない」「可愛かった」「可愛くなかった」などと変えることができないのです。

英語の方は、be動詞の助けが必要で、そのbe動詞の方を（is, is not, was, was notという風に）変えなくてはいけません。そして、be動詞は主語によって形が変わりますから、やはり主語が不可欠です。言い方を変えると、英語には形容詞文はなく、動詞文の一種ということです。それどころか、基本五文型にはどれもV（動詞）が含まれますから、全て動詞文ということになり、形容詞文が三基本文の一つとして独立している日本語とかなり違います。

日本語の特徴（その7）:「は」が示す「主題」は相手と共感するもの

「主語がいらない」ことと並んで、学校で教えてくれないもう一つの大きな日本語の特徴が「主題」です。学校文法の情けないところは、日本語にとって非常に大切な「主題」の本当の役割を教えてくれないことです。これは近い将来とか来年とか言わずに、今年から直してほしいと思います。特に文科省の大臣を始め、お役人の皆さんにお願いします。この問題と真剣に取り組んで一日でも早く解決することを、私は「国策上の大事」と考えています。

先ほど「日本語の特徴（その4）：日本語に主語はいらない」でご紹介した小学校2年生用の教科書「こくご」をもう一度眺めてみましょう。始めのところにこう書いてありましたね（143ページ）。

（……）「ひよこが」「ぼくは」のように、「何が」「何は」に当たることばを主語といいます。

こんな説明を読まされる日本の小学生が私は気の毒でなりません。まず、日本語にいらない「主語」があるとウソを教えられます。それに続いて、その主語を表すものが「は」と「が」だと教えられますが、それもウソです。これでは、日本語文法といえば、いつも話題になってきた「ハとガの違い」という問題が生まれてしまうのは当たり前です。学校文法は、疑問に答えてくれないどころか、問題を作っているのです。それではこれから、「は」を巡る学校文法の「二重のウソ」を直していきましょう。

「名詞＋は」は主語ではなくて「主題」なのです。

「主題」が何のためにあるかをここでお話ししましょう。それは「〜について、これから大切なことを言いますよ」と、聞き手の注意を引くための話し手の合図なのです。

これは日本語にとって大変大事な主題の役目です。パリで日本語を教えていらっしゃる浅利誠先生が『日本語と日本思想』（藤原書店、２００８年）という本を出されていますが、その帯に「日本思想の根本は、助詞『は』にある」と書かれているほどです。私も大賛成です。

さて、「は」を使って「～についてですけどね」と主題・話題を示した後なら、何を言っても自由なのです。例を挙げましょうか。「昨日買ったりんごは、どうしましたか」と聞かれたとしましょう。するとこんな答えが考えられます。話題は「りんご」ですから、「りんごは、」が主題ですよね。

（1）りんごは、ここにありますよ。
（2）りんごは、食べちゃいました。

（1）も（2）も、どちらも正しい文です。さて、この二つの文の最後を「～こと」を使って言い換えると、面白いことがおきます。これは三上さんが「無題化」と呼んだ手法で、文末の「こと」によって、元の文の主題だった「りんごは」が、消えてしまうのです。主「題」を「無」くすので「無題化」と呼んだのですね。（1）は「りんごがここにあること」ですね。でも、（2）の方は「りんごを食べちゃったこと」となります。いくら学校文法でも（2）の「りんごは、」は「主語」と言えません。「ハとガの違い」が言えるのは（1）だけで、（2）はダメです。

そこで、皆さんに考えていただきたいのは、（1）と（2）の「りんごは、」に共通する意味は何かということです。

意味の上からは主格でも、目的格でもないのですから、どうやら文法関係とは関係なさそうです。実はその通りで、この「りんごは、」は言い換えると「あ、あのりんごのことですか。はいはい。あれはですね」というような言い方と同じで、結局「これから答えますから、よく聞いてください」と話し手が聞き手に言っているものだということなのです。それが「主題」です。

英語では「トピック（Topic）」と言います。トピックは「話題」のことですから、「〜について話していること」です。つまり「主題」は動詞との文法関係を越えたところにあります。それよりも、話し手が聞き手に「よく聞いてくださいね」と言って、両者のコミュニケーションをスムーズにするためのものなのです。前にも言った「共視」のための大切なツールですから、同じものを見て、話し手と聞き手が心が合わせようとするときにとても役立ちます。

「主題」は盆栽ツリーの外にある

モントリオール大学の学生は本当に親切で、私が何か頼むと時間を忘れて助けてくれました。第四章でお話しした日本語の盆栽ツリーと英仏語のクリスマスツリー（93ページ）で基本文の比較を助けてもらった後で、今度は「ねえ、みんな。主題の『名詞＋は』は盆栽文のどこにあるんだろう」と尋ねてみました。「が・に・で・から・まで・と」など、いわゆる格助詞と言われる助詞は全て動詞との文法関係を表します。それなら、文法関係を表さない、単に聞き手の注意を引くための「名詞＋は」はどこにあるのでしょう。やはり盆栽ツリーの枝の一本なのでしょうか。クラスの後で教室に残ってくれた数人の学生たちと話し合った結果はこうなりました。

「文は主題の後で一度切れるんです。そして主題の後が基本文（＝盆栽）になるんじゃないでしょうか」

「じゃあ、基本文は盆栽ツリーのままでいいのかな」と私が言うと、またがやがやといろいろな意見が出されて、主題はとうとう盆栽と切り離されて、でもすぐ隣に立っている日の丸の旗、ということで意見が一致しました。

よく「老いては子に従え」と言いますが、私の場合は、「老いては教え子に教われ」

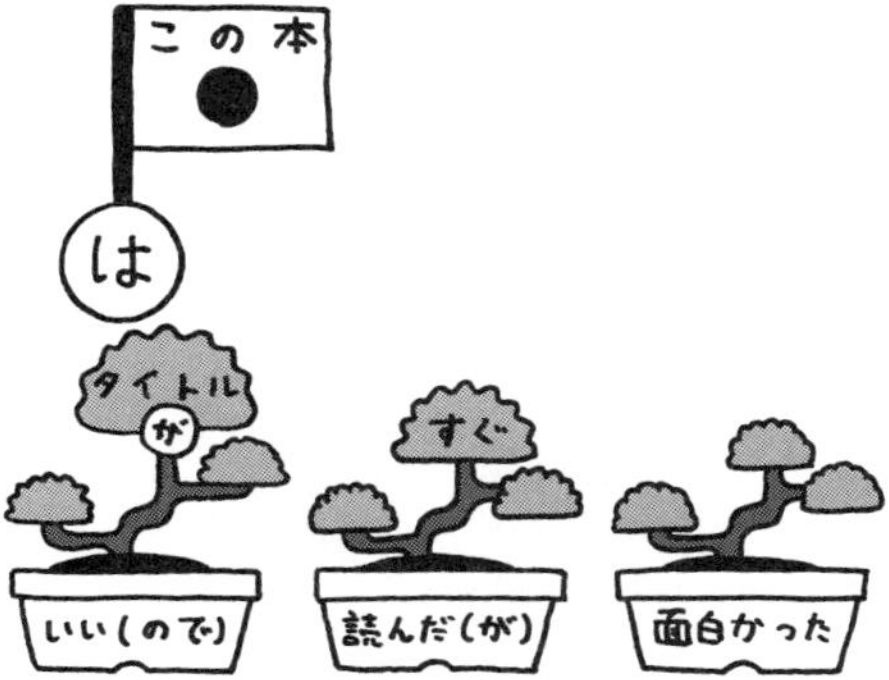

主題は「盆栽」の隣に立つ「旗」

でしたね。

主題は点（、）や丸（。）を越える

三上文法のすばらしさは、主題が句読点（つまり「、」や「。」です）を越えることを発見したことにも表れています。つまり、一度話者が「りんごは、」と日の丸を立てると、その後に盆栽がいくつ並んでもいいということです。

英語やフランス語にはこんな便利なものはありません。助詞の「は」は、日本語の「スーパーてにをは」なのです。

次の例を見てください。（3）では点（、）を、（4）では丸（。）を主題が軽々と越えていくことが分かります。こんなことは、とても「が」にはできません。

（3）この本は、タイトルがいいので、すぐ読んだが、面白かった。
（4）そのりんごは、すぐ食べなかった。まだここにあるよ。

こうした例からも、主題と述語に文法関係はないことが明らかです。

例えば(3)を見てください。「この本は、」という主題（＝日の丸）に続いて文（＝盆栽）が三つ並んでいます（161ページのイラストの例文でもあります）。

それでは、次に三上メソッドで実験です。さっきのように文末に「こと」をつけてこれらの文をそれぞれ「無題化」してみましょう。

すると「**この本の**タイトルがいいこと」「**この本を**読んだこと」「**この本が**面白かったこと」と三つとも違ったものになります。

句点（。）で区切られた文も、「旗」の下に並べることができる

そのバラバラが、あら不思議、主題の「この本は、」が付くと、「この本は、タイトルがいい」「この本は、すぐ読んだ」「この本は、面白かった」と次々に、しかもそのままの形で係《かか》っていけるんですね。文末まで、そして文を越えてさえ係ることから「係助詞」と言われるのです。

（4）も同じで、文法関係が「そのりんごをすぐ食べなかったこと」と「そのりんごがまだここにあること」では全く違うことはさっきお話しした通りです。

もうこれで、「が」と「は」が二つとも主語を表すという「こくご」の教科書の説明は全く間違っていることが皆さんによく分かってもらえたのではないでしょうか。「が」の仲間は「は」ではありません。仲間は「で、に、と、へ」など、文法関係を示す「格助詞」です。

これら格助詞は盆栽ツリーの枝に使われます。

一方、「は」は格助詞ではなく、文法関係とは無関係です。そして「は」の役割は、基本文（＝盆栽）の外側で主題（＝日の丸）を上げて聞き手の注意を引くことです。

ちなみに、よく「否定の『は』」「対比の『は』」と言われることがありますが、これもさっきお話しした「『は』は文を越える」という説明で上手くできます。次に例文を挙げましょう。

(5) フランス語は話せません。(否定の「は」)
(6) カナダは大きい。日本は小さい。(対比の「は」)

実はこれら2種類の「は」には、「文を越える」という共通点があります。(5) は、話し手の頭の中にもう一つの文があります。(6) は実際にその文が続いたものです。(5) は否定文に対する肯定文、例えば「英語は話せます」と言いたい気持ちを察することができます。(6)には文が二つありますが、これらがお互いに呼応しています。実は (5) の否定文も、必ずしも言い表されない肯定文との呼応が感じられます。

その意味で、「は」を使った否定文は妥協をゆるさずにきっぱり100%否定するのではなく、「Aは駄目ですが、Bなら〜」と暗示する柔らかい部分否定なのだと思います。

デートの誘いで「映画、いかがですか」と聞かれて、「いいえ。観ません」ときっぱり断っては、言われた相手もカチンと来るでしょう。それよりは、「映画ですか。映画はちょっと……」と述語さえ言わずに相手の想像に任せると、「あれ、他のことならいいのかな」とまだ誘った方には希望が残ります。対立を避けて和を保つ、上手なコミュニケーションの仕方ですが、日本人はこういう言い方が好きですよね。

主題とよく似た「あのう…」

日本人がなぜ「主題」をよく使うのか、その理由をさらに考えてみました。先ほど、「共視のツール」と言いましたが、「主題」は何よりも話し手が聞き手に、自分と同じ方向を向かせるためのものだと思います。話し手が聞き手と真正面から向かい合い、目を見つめたまま話すことが苦手なことは第一章「日常表現に秘められた理由」でも、

第三章「声と視線に秘められた理由」でも書きましたね。

日本人は、これと同じ工夫を主題として取り上げることでしているのではないでしょうか。その証拠に、先の例文の「りんごは」でも、実際にはもっと長く「あ、あのりんごですか。はいはい。あのう、実はですね、こういうことなんです」という風に会話ではいくらでも「主題」を長く伸ばしていくことが多いのです。そして主題の言い換えが長ければ長いほど、相手は聞き耳を立ててくれるという効果があります。

もう一つ同じような「共視の工夫」は、今も「はい、はい、あのう」に出てきた「あのう」という言葉そのものに見られます。私たちはほとんど意識しないで話していますが、話の途中になんと多くの「あのう」が使われるか、気をつけて観察すると驚くほかはありません。

これも実はカナダの学生が教えてくれたことで、ある日「日本のテレビを見ていたんですが、何十回も同じ言葉が出てきました。『Ａｎｏｏ』って何ですか」と聞かれたのです。それ以来、私も気を付けて「あのうウォッチング、あのうリスニング」を心がけましたが、ここでその典型的な例として、モントリオール大学日本語科が主催した「最多あのうコンクール」の受賞者を発表したいと思います。

晴れて受賞されたのは女優の梶芽衣子さんです。受賞の対象となった梶さんの名演は、何度もモントリオール大学の日本語教室でビデオが流されましたので、もしかしたらウチの大学で一番有名な日本の女優さんかも知れません。

「あのう、毎回、とても、あのう、本をいただく度にね、あのう、開けてみるまで、読むまで、とても楽しみで、あのう、最初は怖い教育庁の課長さんだったのが、あのう、最後、終わってみれば、ああいう形で、あのう、田原さんの母親ということで終わりましたけれど、とても、あのう、毎回本当に、あのう、楽しくお仕事させていただきました」

さて、こうして文字に書き起こしてみるといかにも不要な言葉に思える「あのう」

ですが、不思議なことに、耳で聞いているだけなら、全く気になりません。そこで皆さんにお聞きします。一体、この「あのう」は、何のために使われていると思いますか。

この「あのう」は、主題という「日の丸」を盆栽の横に立てる気持ちと同じものだと思います。言うまでもなく「あのう」は「あの」の母音がのびたものです。そして「あの」の本来の使い方は、その後ろに何か名詞が続くものです。

例えば「あのりんご」と言えば、話し手の近くにある「このりんご」でも、「聞き手」の近くにある「そのりんご」でもなく、話している二人から遠い所にあるのが「あのりんご」ですよね。つまり、日本人でさえもうとっくに意識しなくなっていますが、何か遠いところにあるものを指すために使われる「あの」が「あのう」になったのです。つまり「あぁ、あのりんごですか。あれはですね」と言うために「は」をつけて主題となった「りんごは、」と「あのう」は同じはたらきをしているのです。

そのはたらきが何かは、もはや言うまでもありません。それは第一章でみた「おはよう」や「ありがとう」と同じで、「共視」へと聞き手を誘うためのものなのです。

日本語の特徴（その8）：日本語は人間より自然に注目する

英仏語など西洋語において人名や地名がいかに個人に注目して命名されるかを第二章で見ました。これと反対に日本語では人間がほとんど出てきません。と、ここまでは固有名詞（人名や地名）に関することですが、それ以外の普通の文においても、西洋語では人間を中心とした表現が顕著《けんちょ》です。

同じ状況に日本人とアメリカ人が立っているとしましょう。二人から少し遠くに富士山が見えています。

このときに日本人なら「あ、富士山が見える」と言うでしょうが、英語が母語のアメリカ人なら、その日本語を一語一語直訳したらそうなるような「Oh, Mount Fuji is visible!」などとは決して言いません。

アメリカ人には、「富士山を見ている自分が見えてしまう」からです。それは、英語がそういう言葉になってしまったからです。すると、当然この場面での主人公、行為者は「わたし」で、それ以外は考えられません。口から出てくる英文はおそらく「Oh, I see Mount Fuji」となることでしょう。

日本語文の主人公は自然（富士山）ですが、英語は「わたし」という人間だからです。

日本人ならその場面の主人公は自然、つまり富士山であり、「わたし」のことなどは頭に浮かんできません。

富士山が見える、クラシックが聞こえる、子供が3人いる、ドイツ語が分かる、スキーができる、カナダが好きだ、スキーが上手だ。これらのように、毎日使われる表現の文も、「わたし」は不在なままでちゃんと

「I see Mount Fuji.」（左）と「富士山が見える」（右）の視点の違い

した文になります。

一方、これらの文は英語では全て大文字の「I」がそこで主人公、つまり行為者として登場するのです。大いなる自然を前にして、西洋の近代人は「一体だれがこんな素晴らしい自然を作ったのだろう」と思ってしまい、それが「神」という発想になったのでしょうが、それはおそらく本来は日本語のような自然中心の言語だった**西洋語が少しずつ言語を人間中心に変えていった**ことと並行しているに違いありません。変わってしまったのは英語など西洋の言葉であって、日本語ではありません。

日本語にはいらない「あなた」や「彼女」をわざわざ言って「あなたは彼女に会いましたか」というような言い方をしないとちゃんと文法的な文にならないのが現代の英語やフランス語なのです。自然を忘れて過度に人間中心の言葉になってしまった西洋語の真似を日本語はしてはいけません。

日本語の特徴（その9）：日本語は「て・に・を・は」が支えている

格助詞と係助詞に代表される、いわゆる「てにをは」は、文を人間の身体に見立てると関節です。これらのお陰で日本語はその骨組みがしっかりと支えられているのです。

どんなに多くの外来語（昔は漢字で書かれる漢語、今は主として西洋語が元の「カタカナ語」）が日本語に入ってきても、日本語の屋台骨がびくともしないのは、何よりも「てにをは」のお陰なのです。

便利な例文、「八月に新幹線で友人と京都へ来た」にもう一度登場してもらいましょう。繰り返しますが、一番大切なのは動詞「行きました」が最後に来るということで、残りの「八月に・友人と・京都まで・新幹線で」の四つは全部補語で、これらの間の順番は自由です。

これら補語は、名詞とその後ろにある「に・と・まで・で」などの格助詞でできていますね。語順はどうでもいいのは、これらがちゃんと動詞との格関係（＝文法関係）を表しているからです。つまり語順で文法関係が表される英仏語と違って、日本語では格助詞が文法関係を示す役割を果たしています。

この文の補語は全て「漢語＋格助詞」ですが、「レストランでデザイナーがアシスタントとピザを食べた」では「外来語＋格助詞」です。その違いはありますが、どちらもしっかりした日本語の文となっています。

日本語の特徴（その10）：外来語を柔軟に受け入れる

いよいよ最後の特徴になりました。

日本語は外来語をとても多く取り入れていると言われています。助詞「てにをは」がしっかりしているおかげで、外国の言葉をそのまま吸収できてしまうというわけです。

カタカナ語が増えて日本語の将来が心配だと思う必要はありません。それよりも

『てにをは』があるから日本語は大丈夫」と安心してください。

ついでに、「てにをは」が必ず平仮名で書かれるということのメリットも付け加えておきましょう。

それは補語十述語の盆栽ツリーである文の構造がはっきりするということです。補語と述語を繋ぐ「てにをは」が全て平仮名で書かれるお陰で、西洋語のように、単語と単語の間にいちいちスペースを置く、「分かち書き」をする必要がなくなるのです。「八月に友人と京都まで新幹線で行きました」を考えてください。分かち書きしなくても、平仮名の「てにをは」のお陰で、ほとんど盆栽ツリーが見える気がしませんか。

さて、この章で見てきたように、日本語はとてもしなやかで美しい言葉なのです。学校の国語の授業では教えてくれませんが、外国人から見てもうらやましいと思われる言葉であることを、どうか知っておいてほしいと思います。

第七章

英語をマスターするための五つのアドバイス

日本語を知れば、英語も覚えやすくなる

ここまで、日本語と英語との対比をずいぶんとしてきました。日本語のことが分かってくるのと同時に、英語という言葉の特徴も見えてきたと思います。

そこで、せっかくですから、もう一歩踏み込んで、英語を話すときの心構えについて紹介しておきましょう。

この章では、留学生時代の私の苦い経験を踏まえて、英語が思ったより簡単に話せることをお話しします。アドバイスしたいことはたくさんあるのですが、数が多すぎるとそれぞれのポイントの効果が逆に薄れてしまうので、ここでは最も大切なことを五つに絞って述べることにします。

アドバイス（その1）：声を大きく、あるいは高く

まずは声です。第三章の「声と視線に秘められた理由」でお話ししましたが、自己主張をあまりしない日本人の優しさは「声の弱さ」にも現れています。でも、それでは英語になりません。そうですね。日本語を普通に話している今の声の、倍の強さで話してみてください。周波数の違いを思い出しましょう。

日本語なら絶対不自然に聞こえる耳障りな声の大きさ、これでやっと英語の普通の声なのです。

わざと、声高に話すのです。そうしないと聞き手はこちらを向いてさえくれません。そんな悲しい目に遭わないための最初の工夫が「大声」です。大きな声が出ない人は、トーンを上げて「甲高い声」を試してください。これでも大きな効果があります。でも、日本語を話すときは元に戻さないといけませんよ。「何、目立とうとしてんだよ」で終りですから。英語の世界に「渡って」、演技をしたら橋を戻って日本語へ帰ってくるのが、バイリンガルになる一番の方法です。

アドバイス(その2)：三角戦術、つまり3つの「かく」

アドバイスの二つ目は、私が日本語の学生によく言っていた「三角戦術」です。「三角」とは「三つのかく」が大切だということです。これはみなさんが英語を話せるようになるためにも十分使えるテクニックだと思いますので、次に一つずつ説明していきましょう。

「第一のかく」は**「単語を書く」**です。そのために、小さなメモ帳をいつもポケットに入れて持ち歩きましょう。「あれ？　○○は英語で何て言うんだろう」とふと思ったとしますね。これがチャンスの到来です。

せっかくのチャンスを忘れてはいけませんから、忘れないうちにぱっとメモ帳に書きましょう。そのためにポケットの手帳にいつも手が届くことが必要なのです。日本語の単語や表現をメモして、後で必ず自分で辞書を引いて調べ、答えの英単語をメモ帳に書きます。それからその逆に、意味の分からない英単語や表現を見たり聞いたときもチャンスです。今度はその単語や表現をメモ帳に英語かカタカナで書いて、やはり意味を調べます。平均して1日たったの10語でも、1年経ったら365０語、単語や表現が増えるわけです。

何よりも、第一の「かく」は、自分にとって時に関心のある単語や表現を、自分が辞書を引いて調べるというところがポイントです。こうするとよく記憶に残りますから、全て「自信を持って必ず使える単語・表現」になるのです。語彙《ごい》力アップの最大の武器は、この「第一のかく」です。

「第二のかく」、それは心理的なもので、どんどん**「恥をかく」**ことです。

恥をかくことが平気になれば、だんだん度胸がつきます。「英語力とは度胸」と考えましょう。アドバイス（その1）の声が大きくなるのも度胸の表れで、あなたはそう話しているうちに大胆になります。外国語の勉強は、お母さんの言葉を聞いてすこしずつ話せるようになる赤ちゃんみたいなものですから、知らなかったり間違ったりするのは当たり前のことで、それでいいのです。いや、それこそが大切なのです。
失敗する度に、「あ、しめしめ。これで一つ勉強になった。一歩前進したぞ」と、にやり笑いましょう。失敗を恐れてはいけません。失礼な人が「そんなことも知らないの」とあきれても放っておきましょう。気にしてはいけません。「だってこっちは修行中ですからね」と答えて平然としていればいいのです。エラーを全然恥ずかしく思わないことです。どんどん恥をかいて、英語力をつけていきましょう。

そして最後の「第三のかく」、これは**「汗をかく」**です。**英語を目的としないで、手段とする方法**です。そのために、英語を話す人と一緒にグループ活動をお勧めします。「汗をかく」活動は何でもいいのです。例えばピンポンやジョギングなどのスポーツ、あるいはカラオケやハイキングなどもいいですね。やって気分のいいことを選んでください。

「第三のかく」のポイントは、そうした活動を思いっきり「楽しむ」ということです。

一緒に「汗をかいて」楽しみながら、その活動のために英語を使いましょう。第一、活動を一緒にすることで親しい友人ができます。

私の場合は、ラヴァル大学に入ってフランス語で苦労していたとき、一番役立ったのはコーラス部でした。高校時代に男声合唱団、グリークラブで3年間歌っていたので、合唱が大好きなのです。歌の歌詞や部員同士の会話から新しい単語を拾ってはメモ帳に書いていきました。語彙がたちまち増えて新しいメモ帳を何冊も買わないといけなくなりました。みなさんも、こんな風にグループ活動を楽しみながら英語力をつけていってください。

アドバイス（その3）：SVO文にしてそこに人をちりばめる

次のアドバイスは第四章で述べた基本文についてです。英語は文中に主語がないと文になりません。そして最も多く会話で使われる主語は私（I）です。ぜひ、大きな、あるいは甲高い声で、そう、頭のてっぺんから振り下ろすような勢いで「ア～イッ！」

と言ってみてください。

そんな声で「ア～イッ！」と言ったら、それだけでそこにいる英語話者たちは全員あなたの方を見てくれるでしょう。「おっ、やるじゃん。この日本人は主語を使い始めたぞ」と驚くわけですね。そうしたらもうしめたもので、「ア～イッ！」に続く文を、ここぞとばかり、英語が何よりも得意とする他動詞構文（ＳＶＯ）で言い切ってみせましょう。ここで一番いい練習台になるのは、日本語では他動詞文にならない次のような表現です。

「車が欲しい・お金が要る・スキーができる・ジャズが聞こえる・富士山が見える・ピアノが弾ける・カナダが好きだ・ラッシュアワーが嫌いだ」

ご覧のように、これらの文には全て「が」が使われていますが、英語ではこれらが全てＳＶＯのＯ、つまり直接目的語になります。そして、主語が「ア～イッ！」なのですから、その後は、それぞれ次のようになるでしょう。

「I want a car, I need money, I can ski, I hear jazz, I see Mount Fuji, I play piano, I love Canada, I hate rushhours」

なお、ここで挙げた構文は全て日本語においては話者が状況にコントロールを持たないという共通点があります。

この後の第八章でお話しする、「好きだ」と「I love you」が違うのは、日本語の「好きだ」は「好きで・ある」から来ている存在文なのです。つまり、「好きという状況に花子と太郎がいる」のですが、英語では「ア～イッ！」が「ユー」をせっせと愛しているという行為文だということです。

これらの文において全て英語の行為文に対応するのが日本語では行為ではなく状況だという点で、これらの8種類の文が**英語の発想を根っこからつかむ**練習台となるわけです。

これらの構文に限りません。日本語は「この私が〜する」という文よりは「そういう状況である」という言い方を好むので、「を」より「が」が多く使われるのです。ちょっと考えただけでも、「お風呂が沸いていますよ」「精が出ますね」「元気が出てきた」「お茶が入りました」などいくらでも同じような文が作れます。これらの文をわざと行為文にする訳です。「ここは俺に任せろっ」という気持ちで「アーイッ！」と宣言し、それが主語（S）に当たるSVO文を続けます。

「ア〜イッ！」と並んで英語話者がさかんに使うのは目の前にいる聞き手の「ユー」です。この「ユー」と並行して、その人の名前（親しい人なら必ずファーストネーム）を何度も言いましょう。日本語にすると「何もそんなに大袈裟《おおげさ》な言い方をしなくても」と言いたくなるくらいの異常な文になりますが、それが自然な英語なのです。

とにかく「わたし・あなた・聞き手の名前」で文に人をちりばめます。あえて和訳すればこんな感じです。

かなり漫画チックな言い方なのですが、こんなことをまるで叫んでいるかのように平気で言えるようになったらあなたの英語は本物と言えるでしょう。そのとき、日本語と、大変遠い言語空間にあなたがいることは言うまでもありません。

「ジュリー聞いてくれ。君も知ってるだろう、僕は車を必要としているんだよ。君に何度言っても言い足りないぐらいだ。真実なんだ。僕の言うことを、ジュリー、君は信じてくれるよね。昨日見たあのトヨタ・カムリ、あれは最高だ！　あぁ、私の神様。問題はこの僕がお金を持っていないことなんだ。ジュリー、僕は何て不幸なんだろう。僕を憐れんでくれ。ジュリー、僕の愛するジュリー、神様に誓って絶対返すから、お願いだ。５０００ドル貸してくれないか」

ちょっと大袈裟にやってみましたが、このぐらい楽しんでしまっていいと思います。英会話とは映画かテレビドラマに出るようなことなんですよ。俳優になったつもりで派手に演じるのが、上手く話せるコツなのです。

アドバイス（その4）：リスニングで耳を慣らす

話せるようになるには、その前提として、相手の言っていることが分かるということが絶対条件です。これについて、とても印象的な出来事がありました。

東京大学に3年留学して、社会言語学の博士号を取って帰ってきた優秀なカナダ人の女性がいます。10年ほど前の私の学生でした。日本レストランでお昼を食べながらおしゃべりしていたのですが、同席したもう一人の日本語の教師が興奮して日本の若者の日本語について話しまくりました。その間、女子学生はうなずいたり、「はい」「あらあら」など実に自然な相づちを打っていたのですが、これと言って自分の意見を言わず、ずっと聞き役にまわっていたのです。で、最後にその日本人教師がこう言いました。

「あら、私ばっかり話しちゃったわね。ごめんなさい。で、どう思うの？　○○さんの考えも聞かせてほしいわ」

私はさて、どう答えるかな、と思って彼女の反応を待っていました。すると、さすがは晴れて学術博士となった◯◯さん。答えが素晴らしかったですね。

「ま、そんなとこじゃないですか、先生」

そして、そう答えたあとで、話題にあがった若者言葉一つひとつについて短く、しかし鋭い自分の意見を述べていったのです。

これはつまり、◯◯さんはその先生が言っていたことをしっかり聞き、完全に理解していたことを意味します。

相手に心ゆくまで自由に話させておいて、「ま、そんなとこじゃないですか、先生」のひとことに、私は思わず立ち上がって拍手したくなりました。教え子の成長を見るのは教師にとって最大の喜びなのです。**流暢《りゅうちょう》に話せる人とは、流暢に聞ける人だけ**なのです。

日本人の英語でも全く同じです。リスニング、ヒアリングと言われる「聴解能力」、耳に入って来る英語を聞き分ける能力が不足していたら会話そのものが成り立ちません。江戸時代の寺子屋などで「読み・書き・算盤《そろばん》」と言いましたが、英会話の基本も同じことでしょう。

受け身の「読み」があって、初めて「書き」があるように、「聞き」がなければ「話し」は不可能です。最近はテレビ、ビデオだけでなく、ユーチューブなどインターネットでも自然な英語に触れることが可能になりましたから、大いにそうした「文明の利器」を活用してください。また、病み付きと言われるほど、ある歌手やバンドにハマって大ファンになり、歌を暗記するほど歌い込むこともお勧めします。発音がよくなるだけでなく、語彙力がグンとアップします。私の場合、先生はビートルズでした。

アドバイス（その5）：日本のことを勉強する

最後のアドバイスは、一見英会話と無関係に思われるかもしれませんが、日本のことを聞かれても答えられるようになることです。うれしいことに、世界的に見ても、日本はとてもいい評判を得ていることは次の第八章でお話しします。そこであなたが日本人であると分かると、日本人であるというだけで、あなたにいい印象を持ってくれるでしょう。

ところが、いい印象を持たれるとは、あなたもその印象の通りであると期待されるということにもなります。その場合、いくら大きな声で人をちりばめた他動詞構文を発信しても、日本について質問されたとたんに答えられなくなっては駄目です。期待が大きいとかえって失望も大きいわけで、「なあんだ、この日本人は自分の国のこともよく知らないのか」とがっかりされてしまいます。

相手がせっかく日本に関心を持ってくれているのですから、その期待に応えるべく勉強しましょう。日本の歴史や文化に関する知識を豊かに持っている人ほど、周りに人が集まり、話に花が咲くのです。

また、「私たち日本人は……」というような型にはまった、でき合いの一般論よりも**「これは私の考えですが……」**とか**「ここだけの話ですが、実は……」**というような**自分だけの珍しい経験談や個人的感想**が述べられるようにぜひなってください。

すると「この人は面白い。いろんなことを教えてくれる」と喜ばれるでしょう。そうなったらしめたもので、「日本のことは○○さんに聞けばいい」と評価されるに違いありません。ぜひそういう展開を目指してください。楽しい会話がはずむほど、あなたの英語力はさらにアップすることになりますから。

すぐ上手くいかなくても、臆することはありません。何しろあなたは、美しすぎる日本語を話しているのですから、真逆の性質をたくさん持つ英語が苦手なのは当然。むしろ、大胆に「たかが英語」の気持ちで取り組んでみてはいかがでしょうか。

第八章

だから、日本語が世界を平和にする！

なぜ今、日本語が世界で愛されているのか

いよいよ本書も最後の章になりました。ここではこれまで述べてきた日本語の特徴、とりわけ英語との違いを考えながら、私たちの日本語がよりよい世界のために寄与できる可能性を述べたいと思います。紛争の絶えない世界に平和をもたらす「世界観」や「思想」を日本語がその内部に持っていると私は深く信じるからです。

その前に、日本人が長年持っている「この英語万能時代に、果たして日本語は生き延びることができるのだろうか」という不安に関して、ひとこと私の考えを述べたいと思います。

２００８年10月31日。この日に2冊の本が同時に出版されました。1冊は『日本語が亡びるとき』（水村美苗、筑摩書房）、もう1冊は『日本語は死にかかっている』（林

望、NTT出版）です。ともに衝撃的なタイトルで、日本語の将来を深刻に案じる著作です。特に前者は直ちに大評判を呼んでベストセラーとなり、2009年度小林秀雄賞を獲得しました。

さっそく私はこの2冊の本を取り寄せて読んでみました。こうした著作の底に流れる悲観論が、この国の未来を深く憂う気持ちから発したものであることは言うまでもありません。その気持ちはよく理解できますが、「日本語は危ない」という結論に、私は結局同意できませんでした。

私には、日本語はそれほど危機にあるとは思えないからです。

その理由は簡単です。**海外で長年日本語を教えてきた人間の目で日本語を外から見ると、日本語は大変人気があって学習者の数もうなぎのぼり。こんなに元気のいい言語がそう簡単に「亡びる」とは、まるで思えない**のです。

国際交流基金が5年ごとに行っている「海外日本語教育機関調査」の最近の統計によっても、それは明らかです。この2冊の本の悲観論とはほど遠い世界を私は長年見てきました。全く逆なのです。
少なくとも外国語として学習される日本語はかつては想像もできなかった大ブームを迎えていることを皆さんに知って頂きたいと思います。

ちょっと古い数字ですが、私の手元にある2003年度調査結果をご紹介しますね。それによれば、日本国外における外国語としての日本語学習者は127カ国・地域で235万6745人にのぼっていて、もちろん過去最大です。この調査は主に学校教育を対象としていて、テレビやインターネットでの学習者や、日本国内の学習者を含んでいません。それらを全て合計すれば大変な数となるでしょう。もはや日本語は日本列島で日本人にしか話されない、社会言語学者の鈴木孝夫先生の言葉をお借りすれば「閉ざされた言葉」ではなくなっているのです。

私が2012年6月まで25年間教えていたモントリオール大学もその通りで、学生数は毎年増加する一方でした。教え始めた1987年にはせいぜい25人ほどだった1

年生が、ここ数年は軽く１００人を越えていました。日本語は、間違いなく重要な国際語の一つとなっていて、日本国外の日本語文法に関する国際学会などでは、かつての学習者同士が、立派な日本語で高度な質疑応答を展開する光景は当たり前の時代となっているのです。

日本語が大人気なのは、実は日本が、日本文化が、そして日本人の優しさや日本の自然が評価されているからです。うれしいことに、我が国は海外に、それも多くの若者に大変いい印象を与えているのです。

日本語を学んだ後で日本に旅行や滞在をして帰ってきた教え子に会って印象を聞いてみると、ほとんどの場合、同じような答えが返ってきます。定番は以下の４点にまとめられるでしょうか。

「自然や庭園などが美しい」

「街並などが清潔」
「人が親切で優しい」
「交通が便利」

「感じのいい国、日本」

そしてこうした印象は、実はアメリカの「タイム」という有名な雑誌が毎年公表している「世界20か国の好感度」の調査結果でも正しいことが分かります。この調査は世界56か国12万人を対象に実施した大規模なものですから、安心して結果を信じるべきでしょう。

ではタイム誌の調査による2011年度の世界20か国の好感度上位5か国を眺めてみましょう。1位は日本（77％）です。それから5％も開いて2位がドイツ（72％）、3位シンガポール（71％）と続きます。4位がさらに7％下がって米国（64％）、5

位が中国（62％）となっています。なお、中国は3年連続で5位止まりですが、日本は何と2007年から4年連続で首位をキープしています。

こうした「日本の評判のよさ」「人気度ナンバーワン」が、さっきお話しした外国語としての日本語ブームに深く関わっていることは言うまでもないでしょう。感じがよくて好きな国だからこそ、その国の言葉を学びたいと思うものだからです。

日本語を話すと、心が変わる

日本語を長年教えて気がついたのは、日本語学習を通じて、学習者の世界観まで変わるということでした。いろいろなプログラムを苦労して立ち上げて、初めの頃は毎年数人、退職した2012年までの10年ほどは毎年15人ぐらい、合計して200人ぐらいの学生を私は日本に送りこみましたが、帰ってくると多くの学生が色々な意味で以前と変わっています。

ほとんどの学生が優しくなります。何と日本語を話して日本で生活していると、本人も気がつかないうちに「性格が変わってしまう」のです。話し方も変わります。声が変わり、静かな声で話をするようになります。つまり攻撃的な性格が姿を消します。これは明らかに第三章で見た日本人の話し方に影響されたものでしょう。

ちなみに、モントリオール大学の東アジア研究所では、日本語と中国語を教えているのですが、中国語を勉強する学生はビジネス志向です。今、中国の方が経済的に勢いがあるから、それは当然のことですね。

でも日本語を勉強する学生の方が2倍くらい多いんです。私は不思議に思って、何人かにこう質問してみました。

「どうして中国語でなくて日本語にしたの」

そしたら、返ってきた言葉に驚きました。皆打ち合わせていたかのように「だって日本が好きなんです」と言うのです。好きだと言われたら、これはもはや理性ではなく、感情ですよね。「へぇ、好きなんだ。それじゃしょうがないな」と私は頭をかいてみせましたが、正直とてもうれしかったのです。

共視の国の力

日本の何が良いのかと聞くと、この章ですでに述べたような、「日本はきれいで便利で清潔、日本人は親切でやさしい」というような答えがいつも返ってきます。多くはホームステイをするのですが、「日本のお母さん」は親身になって、つまり留学生である自分の身になって考えてくれる、と言います。

「自分の身になる」という表現は、まさに北山修さんの言う「共視」そのものじゃありませんか。

滝川クリステルさんの素晴らしい五輪招致スピーチですっかり有名になった「お・も・て・な・し」の優しさもまた、まさにこの「相手の身になる思想」だと思います。**主語（私）と目的語（相手）を切り離して対立する英語的な世界**とは正反対の、二人とも同じ風呂敷に入って同じ方向を見る思想と言ってもいいでしょう。

カナダへも日本から留学生が来てホームステイをしますが、「門限に遅れるな」とか、「部屋がきたないわよ」とか、上から目線・命令調の「規則の押しつけ」がどうしても前面に出る様子です。これは英語の他動詞構文のアプローチですね。

それに対して、日本のお母さんは学生と同じ目線で「大丈夫? 何か困っていない?」と言うのです。問題を打ち明けると「そう。困ったわね。じゃこうしない?」と「まるでこちらの心の中にすーっと入ってきたように」考えてくれると言います。「そういう見方、助けられ方を私は日本に来て、初めて知りました」と、日本へ留学した学生たちは感動して語るのです。

これこそ、**日本語に裏打ちされた思想、「日本語力」**でなくて何でしょう。

私はそれを聞いて、第四章で比較した英語と日本語の基本構文のことを考えました。考えてみると、太郎が花子を愛している、という状況において、「~は」という主題を消すために「~こと」で終わる文に変えると、「太郎が花子が好きなこと」となります。

つまり「好きです」の補語には両方とも「が」がついて、「を」は本来の日本語では表れません。

理由は簡単です。

名詞文の「好きだ」は「好きである」という「ある」文、つまり「存在の動詞文」から派生したものですから、その状況に存在する人は主格補語で示すためです。太郎と花子は切れていないのです。二人とも「愛」という札のついた風呂敷に入っているのですね。その状況を英語にあえて「直訳」すれば、「Taro loves Hanako」とは全然違って、むしろ「Taro and Hanako are in love」の方に近いのです。

これは英語のアイ・ラブ・ユーとはまったく違う発想です。アイ・ラブ・ユーでは、主客が完全に分離しています。「アイ」が、上から目線で、「ユー」を愛しているという構造の文で。これは「アイ」と「ユー」の二元論と言っていいでしょう。

その二つの要素が動詞をはさんで切り離され、「アイ」は主語に、「ユー」は直接目的語となります。アイ・キル・ユー（「I kill YOU」俺はお前を殺すぜ）と全く同じ構造のクリスマスツリー文を英語では愛の告白にも使うのですね。これに対して「太郎が」と「花子が」がどちらも「好きだ」の前に並ぶ日本語は、文の構造がまるで違っています。

「する英語」と「ある日本語」

つまり、「何かするもの（者・物）」を主語に、逆に「何かされるもの」を目的語に無理矢理区別して、それを立てたのがクリスマスツリー型の英語の他動詞構文（＝ＳＶＯ）というわけです。英語がＳＶＯ他動詞構文を多用するのは、話し手とそれ以外を切り離す二元論が思考の基本となっているからでしょう。

これに対して、日本人は、本当の感情において、愛という場所に二人して入るわけです。「太郎が花子が好きである（こと）」というのは、愛の中に二人がいるというニュアンスを持った文です。

まるで風呂敷の中に同じ格助詞「が」を持った二人がいて、愛という状況に二人がいる。つまり好き合っている太郎と花子は、日本語では**全く切り離されていません。**二人は隣り合って同じ地平に立ち、同じ方向に視線を溶け合わすのです。こうした「非分離主義」は、まさに思想といってもいいもので、日本人のこんな世界観が「おはよう」や「ありがとう」や「寒いね」など何気ない日常の表現にさえ表れていることは、既に第一章でお話ししましたね。

面白いのは、こうした日本語の特徴を学生に言うと、びっくりすることです。女子学生の中には「日本語って、何てロマンチックなの！」とうっとり目をつぶったり目を輝かせる者もいるほどです。

こうして、日本人と出会うことで、また日本語の学習を通じて、学習者の世界観が、競争から共同、直視から共視、抗争から共存へと変わって行きます。

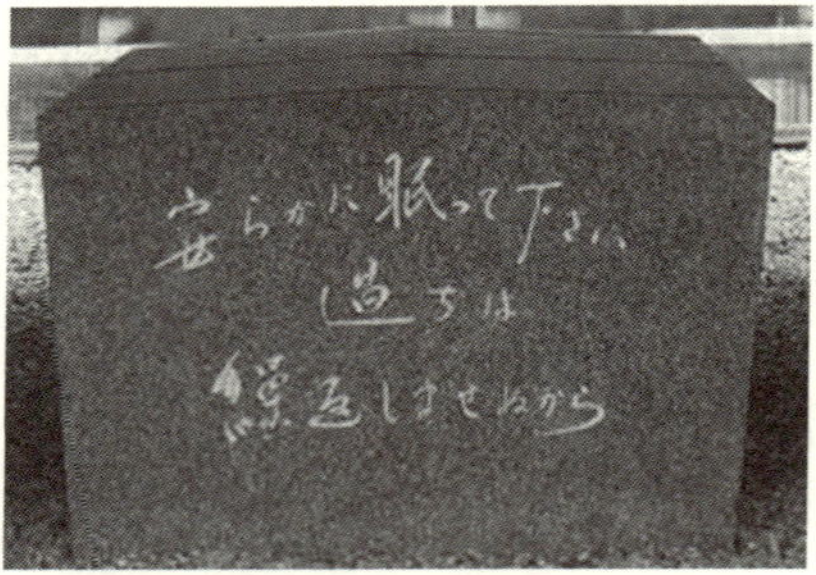

日本語が世界を救う

実はそれこそがこの章でお話ししたい「日本語の世界平和への寄与」の意味なのです。ここでまた私の思い出話ですが、2007年の夏に、久しぶりに訪れた広島で私は「世界平和への思い」を強くしました。

具体的には、平和公園の中の慰霊碑の碑銘「安らかに眠って下さい　過ちは繰返しませぬから」を見た瞬間です。以前から、この二つ目の文を巡って「一体、過ちを繰返さないと誓っているのは誰なのか」という問題が起きたことは知っていましたが、その日、広島に身をおいて、ふと私には、「誰の過ちか」が明らかにならない方がかえって日本語らしくていい、と思えたのでした。

つまり、本書で注目してきた「わたし」と「あなた」の共存が、ここでは「敵」と「味方」の共存という形をとっているということに思いついたのです。そう考えれば、敵はいつまでも敵ではなくなります。

国境を越えて、広く地球という一つの星の上に共存する人類というところまで連帯の和を広げてゆくなら、戦争という異常な状況に敵もまた当事者、そして被害者として巻き込まれていたと考えられるからです。確かに戦争では、ほんのひと握りの人たちを除いて、敵も味方もほぼ全員が犠牲者と言えるのです。「正しい戦争」などというものはありません。

「結局、人は皆などこかで繋がっている」という思いは、同じ2007年夏の帰国旅行で、広島に続いて訪れた沖縄でさらに強くなりました。生まれて初めて沖縄に足を伸ばした理由の一つは墓参です。亡き父の実弟で私の叔父がこの地で戦死しているのです。叔父の名前の刻まれた慰霊碑が沖縄南部の糸満市にある平和祈念公園内の「平和の礎《いしじ》」にあると母に聞いたので、そこを訪れることにしたのでした。母親には、その慰霊碑に刻まれた叔父の名前を写真に撮ってくることも頼まれていたのです。

現地に行ってまず驚いたのは戦後50年、1995年に建立除幕されたという慰霊碑の大きさでした。大戦末期の、あの激しい沖縄戦で亡くなった軍人と民間人の全ての名前を刻んだと聞いていたので、それなりの予想はしていましたが、死者の数およそ25万人。それは幾重にも立ち並ぶ壁、壁、壁でした。有難いことに、犠牲者の名前は出身都道府県別、しかも50音順で書いてありましたので、探していた「金谷武文」の4文字はすぐ見つかって、花を手向け、手を合わせました。

叔父、金谷武文は戦争の終わる直前、ほんの5週間前に、額と胸にアメリカ軍兵士の銃弾を受けて亡くなったのだと言います。享年24歳。何と言う若さでしょう。ちょうど私が大学を卒業してカナダに入国したときの年齢です。

私がカナダに来られたのは平和のお陰です。叔父にはそれができませんでした。出征する前は北海道東部の留辺蘂《るべしべ》町の小学校で教師をしていた叔父でしたが、「武文も可哀想なことをした。沖縄から生きて帰ってきていたら、今頃はお父さんみたいに、どこかの校長先生だったさ」と今は亡き父が、弟を偲《しの》んで生前よく言っていたものです。武文叔父さんの短すぎる一生に思いを馳《は》せて私は目頭が熱くなり、しばらく無言で立ち尽くしていました。

ワシントンのベトナム戦争慰霊碑

しかし、慰霊碑の大きさより、もっと驚いたことがありました。何と、その慰霊碑には、戦死したアメリカ兵の名前も刻んであったのです。

以前米国の首都ワシントンでベトナム戦争の戦死者の名前が刻んである巨大な慰霊碑を見たことがありますが、そこには当然ながらアメリカ人の名前しかありませんでした。

私と同じように沖縄に墓参に来ていたアメリカ人たちの姿を見て、私は、広島と沖縄の慰霊碑には共通する思想があることに気がつきました。それは、国や言葉はちがっても、結局我々は繋がっている、という「共存、共視の思想」であって、その「共視」の思想は日本語そのものに根っこがあるのだ、ということです。それがこの本でお伝えしたかった日本語の「共視」の思想です。

さて、その全く逆の思想を現在世界中で見せつけられていることを皆さんは忘れないでください。

とりわけ2001年9月11日のあの衝撃的な事件で、一部の国家、とりわけアメリカはすっかり冷静さを失ってしまいました。そのときの大統領ジョージ・W・ブッシュ以下首脳陣は「キレた」のです。

大統領が「旗を見せろ。敵なのか、味方なのか、どっちだ」と叫ぶ様子があまりに子供っぽく、私には実に「アメリカ的」に見えたものです。アメリカは世界一の軍事大国で何かがあるとすぐに兵隊を送り込んで戦争を始めます。アメリカから車でたった1時間のモントリオールに住んでいますから、私は、正直このアメリカという国が怖くて仕方ありません。アメリカ人は日本人と正反対で、ドンパチが大好きなカウボーイ精神からまだ抜け切れていない国民だと私は思います。

どちらも怖い「過激派」と「正義病」

第六章で私はこう書きました。

「日本語では文脈があれば『行った』だけでちゃんとした文なのに、英語では『行ったのは誰か』をまず考えます」と。

そんな傾向がはっきり表れてしまったのが、まさに２００１年９月11日の同時多発テロ事件だったと思います。当時の大統領ブッシュがまず考えるべきだったのは「なぜこんな状況になってしまったのか」という「Why ?」です。

そうではなく、「誰が俺たちをやったのか」という「Who ?」しかこの大統領は考えなかったのです。つまり典型的な英語脳で「主語さがし」をしたのです。それで「反撃」に転じた結果がその後のイラクとアフガニスタンの戦争でした。ベトナム戦争では共産主義が仮想敵でしたが、今度の敵はイスラム原理主義です。テロを是とするイスラム過激派を容認はできませんが、私にはアメリカの「正義病」も同様に恐ろしいのです。その両者が不毛な殺し合いを続けています。実に愚かなことだと言わざるをえません。

その意味では、今こそ、日本の出番なのです。日本的な共存、共生の思想は大袈裟でなく、地球を救える力を持っているのですから。その力の源泉が日本語であることこそ、本書が明らかにしようとしてきたことなのです。

次々と起こる大学や高校での乱射事件も「キレる社会」アメリカの内側からの崩壊を予告しています。ある資料（２００１年）によれば1年間に銃で死亡した人の数は、ドイツ３８１人、フランス２５５人、カナダ１６５人でした。有難いことに銃の取り締まりが厳しい日本ではせいぜい暴力団がらみの事件に限られており、死者の数は39人でした。人口比で言えば、平和で安全と言われるカナダですら日本の15倍も危険だということになります。

それではアメリカは、と見るとこれが桁外れの数字で、驚かないでください。何と1万1127人なのです。戦後、日本人があれほど憧れ続けてきた民主主義の象徴、アメリカ合衆国は、カナダの10倍、日本のおよそ150倍も射殺されやすい、危険この上ない国となってしまったのです。

コネチカット州で2012年12月に起きた小学校乱射事件の後のアメリカの状況には驚きました。20人もの児童と教師など大人6人が銃殺されたこの事件の後、当然、銃の取り締まりを厳しくする法律ができるとばかり思っていたら、その法案は連邦議会で何と否決されてしまったのです。

全米ライフル協会（NRA）という圧力団体や保守系議員たちの勝利です。乱射事件に対するこの人たちのコメントを聞いて私は耳を疑いました。

「もっと多くの国民が銃で武装すべきだ。校長や教師が銃を持っていたら犯人は殺せたのだから」

私は口をあんぐり。空を見上げてしまいました。今のアメリカはかなり病んでいます。事実、アメリカの倫理的危機（モラル・ハザード）という言葉も最近はよく耳にします。スイス・チーズでもあるまいに、銃で穴だらけになったアメリカはどこへ向かうのでしょう。

ジョン・レノンはなぜ変わったのか

さて、アメリカで銃で殺された被害者として、私は「二人のジョン」、つまりジョン・レノンとジョン・F・ケネディを思い出します。毎年12月8日は、ジョン・レノンがニューヨークで銃弾に倒れた悲しい記念日なので、テレビでもいろいろと特集番組が放映されます。

ビートルズがまだ活躍していた頃、ビートルズソングならほとんど全曲、歌詞を見ないで歌えるほどの大ファンだった私です。あれほど平和を訴え続けたジョン・レノンが撃ち殺されたことがとてもショックでした。40歳のまだ若すぎる死でした。

ジョン・レノンの伝記をあれこれ読むうちに、ジョンが少年時代に母親（ジュリア）を失った心の傷がその後の人生に大きな影を落としていたことを知りました。歌を歌い始めた10代の頃は学校でも有名な、何かというとカッとして暴力をふるう不良だったのです。

天才的なシンガー・ソングライターのジョンでしたが、幸せではなかったのです。最初の奥さんシンシアは「忙しすぎて、とにかく家にいないんです。私よりも子供のジュリアンが可哀想で……」と取材に答えています。世界のトップスターになっても、ジョンは奇行、失言を繰り返しました。中でも、「僕たちはもうキリストより有名だもんね」の一言で、世界各地で「ビートルズ・バッシング」を起こしてしまったことは有名です。

そのジョンが突然変わったのです。別人のようになって、世界平和を叫び始めたのは、ヨーコ（小野洋子さん）と出会ったからです。

ジョンとヨーコがニューヨークのマンハッタンのあちこちに巨大な看板を立てて、「War is over, if you want it（戦争は終わりだ。あなたがそう望みさえすれば）」とたった2行で平和メッセージを伝えたことが思い出されます。

私は、ヨーコが、たとえ長年アメリカに住んではいても、日本語を話す日本人だったことがその大きな力の源泉だったように思えるのです。それは「日本語力」と言っていいものではないでしょうか。

そう思ったのは、ヨーコと知り合ってか

ら作られたジョンの曲や、ヨーコの平和ハプニングといわれる様々な行動に、少なからず日本語の影響が感じられるからです。

ジョンと言えば思い出すのが大ヒット曲の『イマジン』ですが、これはジョンが後で認めているように、ヨーコの詩集『グレープ・フルーツ』にある一つの詩のタイトルでした。ジョンは暗殺されるたった2日前（1980年12月6日）のインタビューで素直にそれを認めてこう語っています。

「あの歌は、実際にはレノン・オノの作とすべきでさ。多くの部分が、歌詞もコンセプトも、ヨーコの方から出ているんだけど、あの頃はぼくはまだちょっと身勝手で、男性上位で、彼女に負っているという点をオミットしてしまったんだな。でも本当にあれは彼女の『グレープ・フルーツ』という本から出ているんで、あれを想像せよ、これを想像せよというのは、全部彼女の作であることをここにまことに遅ればせながら公表します」（『ジョン・レノン　ラストインタビュー』中公文庫2001年、池澤夏樹訳）

それよりもさらにびっくりすることがありました。それは1969年にジョンとヨーコが平和イベントとして行った「ベッド・イン（Bed-in）」と「バギズム（Bagism）」の写真です。

ベトナム戦争に対する抗議運動としてジョンとヨーコは「戦争をしないで、恋愛をしよう」とよびかけ、そのためのシンボリックなイベントとして、ホテルの一室のベッドに入り、記者会見を行ったり『平和を我等に（Give Peace A Chance）』を歌ったりしてマスコミに大きく取り上げられました。同じベッドに入ると、同じ場所から同じ方向（例えば新聞記者たち）を見ることになりますよね。私はこの行為に、この本で何度も指摘した「共感」と「共視」を感じてしまうのですが、考え過ぎでしょうか。

もしそれが私の「深読み」だと言われるなら、次の例はどうでしょう。「ベッド・イン」と並行して行われた「バギズム」というパフォーマンスです。

ジョンとヨーコは文字通り、大きな袋に入りました。

「袋主義」だと政治的になりますから、ここは「お床入り」の「Bed-in」同様に「Bag-in」と同じ意味だと解釈して、「袋入り」と訳すことにしましょう。「袋入り」をして、二人は袋から顔を出してこちらを見て微笑む、それだけのパフォーマンスです。

みなさんもこの「袋入り」なら日本語の基本文との共通点を感じてくれると思います。ジョンは、ヨーコが大好きになってその影響を受け、日本語をモーレツに勉強し始めました。そして、詩人、アーティストとしてジョンほどの天才的感性なら、日本語を根っこから支えている、英語とは全く正反対の思想を正確に捉えることができたのだと私は思います。

この「袋入り」こそは日本語の愛の告白、「好きです」の表現なのです。この袋こそは盆栽の鉢であり、風呂敷なのです。ＳＶＯ文である英語のI LOVE YOUであったら、こうはなりません。IとYOUは切り離され、その両者は対峙、対決するからです。I KILL YOUと同じ文型なのですから。

日本語では、既に本書で見たように、それが誰か分かっている人は袋の中に入って出てこないのです。「好きです」にはジョンもヨーコも既に含まれている、その「非分離」の思想を見事に平和イベントとして表現したのがこの「袋入り」だったのだと私は思います。

二人は最初、「袋の中に入ってしまえば相手の顔も暗くて分からなくなるので人種差別や性差別がなくなる」というメッセージを考えていたらしいのですが、それよりも顔を出したことで二人の平和メッセージが強くなったと私は思います。第一、私が目にした「袋入り」の写真はどれも顔を出したものでした。この状態なら朝日が出るのを二人が見て「早いね～」という意味の「お早う～」も言いそうですし、この位置と視線だからこそ、庭に霜が降りているのを見て、ジョンが「寒いね～」と言い、ヨーコが「うん、寒いね～」と答えて、心を暖かくすることも自然なのでしょう。

三浦しをん『舟を編む』に見る日本語の魅力

私が読んで感動した本に『舟を編む』（三浦しをん、光文社、２０１１年）があります。２０１２年度の本屋大賞第1位となり映画化もされたベストセラー本なので、読まれた方も多いでしょう。映画の方は第86回米アカデミー賞の外国語映画賞部門の日本代表にも選ばれています。

その中で、私が「これはまさに日本語の思想だなぁ」と思ったのは次に引用する文でした。

辞典作りに励む雑誌社社員で名前の通り真面目そのものの「馬締《まじめ》光也」は27歳、同じ下宿に住む同い歳の香具矢《かぐや》に恋をしています。香具矢は大家のタケばあさんの孫娘で板前の修行中なのですが、仕事に疲れて下宿ではあまり料理をしません。そこで光也が、自分のラーメンを作るときに、やさしい大家さんのタケさん、香具矢のラーメンも一緒に作ってあげるのです。ラーメンはどこかで聞いたような名前の「ヌッポロ一番」です。

「香具矢は『ヌッポロ一番』のジャンクな味を気に入ったらしい。おいしそうに食べてくれる。自分の作った料理が香具矢の体内に入り、香具矢の血肉になるのだと思うと、馬締は思わず正座のまま身を乗りだし、食事をする香具矢を見つめてしまうのが常だった」(62—63頁)

この「大好きな人の体内に入りたい、入ってその人の血や肉になりたい」と思う気持ち、それはジョンとヨーコの「お袋入り(バギズム)」を連想させるものですし、金沢にモントリオール大学から送った学生をホームステイさせてくださった「日本のお母さん」が、こっちの身にすーっと入ってきてくれて「そう、困ったわね」と一緒に考えてくれることと繋がっています。

日本人が大切に思い、家庭や学校で強調される「気配り、気遣い」とはまさにそれで、「心を配る」と書く「心配」も、自分にとって大切で掛替えのない人に対する気配りであることは言うまでもありません。カナダの女子学生が両方の目をハートにして「日本語って、なんてロマンチックなの！」と言うのも当然のことなのです。

だから、もっと日本語を世界へ！

ヘタレ留学生だった私は結局その後言語学を専門に選び、実に多くの外国語を学びました。一学期でも受講した言葉は、古い印欧語のサンスクリット語、古典ギリシャ語、ラテン語を始め、現代語ではイタリア語、中国語、スペイン語、ドイツ語、ロシア語、アラビア語と大学で教えている外国語はほとんど受講したのです。英仏語は生活語ですが、それ以外にも中国語とスペイン語、ドイツ語は今でもある程度話せます。残念ながら、それ以外の言葉は結局マスターできませんでした。

その上で言いますが、日本語ほど、話者と聞き手を分離せず、進んで同じ地平に立って、できれば同じ袋に入ろうとする言葉は他にありません。その意味では、少なくとも私が学習して知っている10を越える言葉の中で、日本語は最も**平和志向の、ロマンチックで幸せな、美しい言葉**だと自信を持って言うことができます。

進むべき道を見失って迷走する世界を救える思想が私たちの母語、日本語に含まれていることを本書は明らかにしようとしました。

英語に代表される他動詞のSVO構文を基本とする言語の根本的な問題は、その構文が発想として「SとOの分離による二元論」、そして「S（主語）のO（目的語）

に対する支配」へと繋がるということにあります。

さらに、Sには「力」とともに「正義」がしばしば与えられてしまうのが一番危険なのです。英語を始め西洋の言語の話者が何か失敗をしてもあまり謝らないのはそのためでしょう。自分は力と正義が与えられるSの位置を常に保っていたいと思うからです。

たかが言葉、と思うことなかれ。

言語学者や心理学者によっては**「母語、つまり子供のときに家庭で覚えた言葉で、世界の見方が決まる」**とまで言い切る学者もいるぐらいなのです（「ウォーフ・サピアの仮説」と言います）。

そう、言葉は私たちの心を作るのです。

もし明治維新の際に英語、フランス語、ドイツ語など当時の先進国の言葉でなく、アジアの言葉を模範に日本語文法が考えられたとしたら、日本語の文法は今ほど歪んだものになっていなかったにちがいありません。日本語を内側からでなく、海外から眺めてみますと、それほど特殊でもなく、極めて難しい言語でもないことがすぐ分かります。

そんな日本語にとって、返す返すも悲しく、情けないことがあります。それは、明治維新を引き起こした黒船ショックにしても、敗戦の引き金となった原爆ショックにしても、日本が国としての危機を迎えた局面ではいつも、外国人ではなく日本人自身が「日本語いじめ（バッシング）」を行ったという事実です。

それも政治家、小説家、学者など知識人によるものでした。明治以来の日本語文法の姿は結局「白鳥になりたかったカラス」だった日本のエリートたちが作ったものだったのですね。

こうして、日本の文法学界や学校では英仏語など西洋語と日本語における基本構文の大きな違いに明治期以来ずっと目をつぶってきました。例えば日本語の主語（そして形容詞や人称代名詞）は英語などのそれと同じもの、と扱ってきたのがこれまでの国語文法の悲劇です。学校文法はこうして100年以上も生き延びてきました。

黒船ショックに発した明治政府の脱亜入欧を反映した日本政府（旧文部省）の英語中心主義（エイゴセントリズム）は完全に時代遅れのものです。日本語文法の主語や目的語は、基本文に始めから「いらない」のに、「いや、ある。あるが、（省略されて）見えない」と言っているのですから、これはまさに「裸の王様」です。

日本語に即した、第二英文法ではない学校文法の誕生が、21世紀に入った今ほど求められているときはありません。

今からでもおそくはありません。日本語の脱英文法を大胆に進めるべきです。英語公用語化などという愚かで不毛な議論はもうやめて、政府は文部科学省を通じ、日本語を正しい形で世界と日本国内で教えられる方向で大胆に舵を切ってほしいと心から思います。それが、武器や資源などに比べていかに効果的な国家戦略であるかは、言うまでもないことです。
長年日本語教師だった私が観察したように、
（1）日本語を勉強したいという学生が増え続けていること
そしてそれと並行して、
（2）日本を体験した学生はさらに日本が好きになって、日本にとって大切な味方、つまり親日家と呼ばれる人材に育って行くこと
の2点はまぎれもない事実なのです。

そんな教え子の変身、成長ぶりを見ることは本当にうれしく、日本語教師になってよかったと心から実感したものです（上の写真は最後に金沢に行った教え子10名と私です）。

日本語の未来は、これから第二幕を開けると言ってもいいかもしれません。
母語である日本語の本当の姿を知る手がかりを本書で得た皆さんは、この本で身に

つけた新しい視点で、日本語をもう一度見つめ直してみてください。
あなたが使っているこの言葉は、世界に類を見ない、美しい言葉なのですから。
そして堂々と日本語を話して、世界中の人に日本語力を発信していきましょう。

おわりに　若い皆さんへのお願い

　第二章でお話しした通り、全く思いもかけない偶然から日本語教師を仕事にした私ですが、2012年に退職して以来、今も満ち足りた気持ちで余生を過ごしています。おまけに、これは全く「想定外」の展開だったのですが、ひょんなきっかけから日本語文法や日本人の世界観に関する本をこれまで6冊も出版することができました。

　2002年の処女作『日本語に主語はいらない』（講談社選書メチエ）以来、本書で7冊目です。これまた光栄なことに、あちこちから文法講演会に呼ばれるようにもなりました。北米、日本が多いのですが、それ以外にもトルコ、スペイン、ドイツに足を運んでいます。留学後何年間もお金のない苦学生だった私にはまるで信じられない展開で、私自身が一番驚いています。

　著作や講演を通じて私が主張するのは、学校文法を直すことです。そしてそのために、「三上文法をさらに世界に広めましょう」とあちこちで呼びかけてきました。三上さんの伝記も書きました。それを三上さんにご報告するために、広島でお墓参りをしたことはこの本で書いた通りです。間違った日本語文法を正していくという仕事はまだ残っていますから、私はこれからも様々なチャンネルで発信を続けようと思っています。

そんな仕事を、若い皆さんに手伝っていただけたら、そしてやがて私が年老いて何もできなくなったときにバトンタッチできたら、こんなにうれしいことはありません。「継続は力」です。喜んでバトンをお渡しします。

ぜひ、日本語教師を将来の仕事の一つに考えてみてください。日本語教師の仕事は「3K」でなくて「3Y」です。

つまり（1）やりがいがあり、（2）役に立ち、（3）喜ばれる仕事なのです。若い多くの皆さんが日本語教師になり、さらにできたら、海外で教師になってください。日本という国を日本の外から応援しつつ眺めてみることの楽しさと快さを、私は自分の体験から知っています。この道に自分の将来をかけてチャレンジされるよう、心からお勧めして、筆を置きます。

本書をお読みくださってありがとうございました。

文庫版のためのあとがき

2014年に単行本で同じ飛鳥新社から出版された本が増刷となり、マスコミにも好意的に取り上げられたことを受けて、この度新たに文庫版としても出版されることになりました。著者としてこれほどうれしいことはありません。

さらにうれしかったことがあります。

それは本書とよく似たタイトルの『日本の感性が世界を変える』（新潮選書）を同じ2014年に出版された著名な社会言語学者の鈴木孝夫先生からお誘いを受けて、今年（2018年）6月に慶応義塾大学で二人の文法講演会を行ったことです。お陰様で講演会は大盛会に終わりました。

鈴木先生は長年私の憧れの先生であり、学問上の模範でもありました。カナダに来る直前に先生の教えている慶応大学日吉キャンパスの講義を聞きに行ってご挨拶したことを覚えています。

その講演の中でも述べたことを、この新しいあとがきでご紹介したいと思います。私の提唱する日本語文法は１９７５年以来40年以上もカナダのケベック州に住んでいることと明らかに深い関係があると思えます。その理由を述べます。

それは、多くのケベック人が母語、フランス語を大切にしようと考える気持ちの美しさです。ご存知のようにカナダは南にアメリカ合衆国という世界の大国と国境を接しています。さらに、カナダに10ある州はそのほとんど全部が英語州です。つまり人口約８００万人のケベック州民はその周りをおよそ3億5千万人の英語人口に囲まれて暮らしているわけです。実に40倍です。

もしケベック州に住んでいるのが日本人だったら、どうでしょう。自分の言葉を捨てて州の公用語を英語にしようと思うのではないでしょうか。

ところが、ケベック人は明らかにそれとは反対の道を選んだのです。１９７０年代に州議会で言語法が可決されました。公用語は英語でなくフランス語、しかもフランス語だけ、と決めたのです。カナダでこんな州はここ以外にはありません。日本とは違って毎年外国から多くの移民が移住して来るのですが、そうした人たちは無料でフランス語が学べます。いえ、それどころか、フランス語を学習中の移民には財政援助、つまり暮らしに困らないように州政府が多額の補助金を支払ってくれます。実は私もそのプログラムのお世話になった一人でした。感謝しています。

今、地球温暖化や公害などで実に多くの魚、動物、鳥が死んでいます。人類というたった一種の身勝手な生物のせいで「種の多様性」が失われているのです。そしてそうした危険な傾向は世界の言語にも見られます。毎年何百という言語が、主要な言語、とりわけ英語、ロシア語、中国語に吸収されて地上から消えてゆくのです。

その中でも英語は「世界でただ一つの世界共通語」とみなされ、英語話者の人口は増える一方です。そうした中でケベック州が言語法を作ってまで必死にフランス語を守っている姿に私は感動しました。40年以上もこの地に留まって移民になり、やがては喜んでこの地で死ぬ覚悟を決めたのもそれが理由です。移民になった後、仕事はモントリオール大学東アジア研究所の日本語教師を選びました。

それには理由があります。

函館ラ・サール高校で3年間寮生活を送った私はケベックから来た多くのカトリック教会のブラザー（修道士）にとてもお世話になりました。結婚もしないで一生を異国での教育に捧げる若いブラザー達。彼らの笑顔が忘れられません。そしてふと思ったのです。

私は逆に若いケベックの人たちに日本を知ってもらおう、そのために日本へ一人でも多くの学生を送り込もう、と決めました。それが私のケベックへの恩返しでした。

モントリオール大学で日本語を教えた25年間、いろいろなホームステイプログラムを作って、200名ほどの教え子を日本へ送ることができました。今では、カナダ、日本それから世界各地に政治家、外交官、実業家、芸術家などとしてかつての学生が活躍しています。その数が200の大台を超えたときに、もう私の役割は終わったと思い、大学を去りました。2012年のことです。

ところが、私の役割はまだ終わっていなかったのです。それは日本に行ってカナダに戻ってきた学生達の顔つきや話し方が変わっていることに気付いたことがきっかけです。

それはフランス語で「タタミゼ」といわれる変化でした。タタミとは畳です。日本で畳の生活に馴染むと、いつの間にか言動が日本人に似てくるという現象のことです。そのことを日本の人に伝えるのが退職後の仕事となりました。

この本で取り上げたのも、まさにそうしたタタミゼ効果の実例なのです。

英語中心、特にアメリカ型文明がこのまま続くと地球は滅びると私は確信しています。この世の中を危険な世界にしていく方向性が抑えられ、願わくばそれが世界平和に寄与できるのではないか、そんな可能性を日本語は持っていると思います。それを示そうと書いたのが本書です。このかけがえのない地球を救うために、多くの日本人に読んでいただければこんなにうれしいことはありません。

金谷武洋

http://shugohairanai.com

※本書は２０１４年７月に小社より刊行された単行本を文庫化したものです。

金谷武洋（かなや・たけひろ）

1951年北海道生まれ。函館ラサール高校から東京大学教養学部卒業。ラヴァル大学で修士号(言語学)。モントリオール大学で博士号(言語学) 取得。専門は類型論、日本語教育。カナダ放送協会国際局などを経て、2012年までモントリオール大学東アジア研究所日本語科科長を務める。カナダでの25年にわたる日本語教師の経験から、日本語の学校文法が、いかに誤謬に満ちているかを訴え、新しい日本語文法の構築を提唱している。著書に『日本語に主語はいらない』（講談社選書メチエ)、『日本語は亡びない』（ちくま新書）など多数。

日本語が世界を平和にするこれだけの理由【文庫版】

2018年10月11日　第1刷発行

著　者　　金谷武洋

発行者　　土井尚道
発行所　　株式会社飛鳥新社
〒101-0003
東京都千代田区一ツ橋2-4-3　光文恒産ビル
電話（営業）03-3263-7770（編集）03-3263-7773
http://www.asukashinsha.co.jp

装　丁　　井上新八
イラスト　加納徳博
写真提供　ZUMA Press

印刷・製本　中央精版印刷株式会社

落丁・乱丁の場合は送料当方負担でお取り替えいたします。
小社営業部宛にお送りください。

ISBN 978-4-86410-645-0

編集担当　矢島和郎